中华文化风采录

历来古景风采

典雅的楼阁

陈 璞◎编著

北方妇女儿童出版社
·长春·

图书在版编目(CIP)数据

典雅的楼阁 / 陈璞编著. —长春 : 北方妇女儿童出版社, 2017.4（2022.8重印）
（历来古景风采）
ISBN 978-7-5585-0931-5

Ⅰ. ①典… Ⅱ. ①陈… Ⅲ. ①楼阁－介绍－中国 Ⅳ. ①K928.74

中国版本图书馆CIP数据核字(2017)第050743号

典雅的楼阁
DIANYA DE LOUGE

出 版 人　师晓晖
责任编辑　吴　桐
开　　本　700mm×1000mm　1/16
印　　张　6
字　　数　85千字
版　　次　2017年4月第1版
印　　次　2022年8月第3次印刷
印　　刷　永清县晔盛亚胶印有限公司
出　　版　北方妇女儿童出版社
发　　行　北方妇女儿童出版社
地　　址　长春市福祉大路5788号
电　　话　总编办：0431-81629600

定　　价　36.00元

习近平总书记说："提高国家文化软实力，要努力展示中华文化独特魅力。在5000多年文明发展进程中，中华民族创造了博大精深的灿烂文化，要使中华民族最基本的文化基因与当代文化相适应、与现代社会相协调，以人们喜闻乐见、具有广泛参与性的方式推广开来，把跨越时空、超越国度、富有永恒魅力、具有当代价值的文化精神弘扬起来，把继承传统优秀文化又弘扬时代精神、立足本国又面向世界的当代中国文化创新成果传播出去。"

为此，党和政府十分重视优秀的先进的文化建设，特别是随着经济的腾飞，提出了中华文化伟大复兴的号召。当然，要实现中华文化伟大复兴，首先要站在传统文化前沿，薪火相传，一脉相承，弘扬和发展5000多年来优秀的、光明的、先进的、科学的、文明的和自豪的文化，融合古今中外一切文化精华，构建具有中国特色的现代民族文化，向世界和未来展示中华民族具有独特魅力的文化风采。

中华文化就是中华民族及其祖先所创造的、为中华民族世世代代所继承发展的、具有鲜明民族特色而内涵博大精深的优良传统文化，历史十分悠久，流传非常广泛，在世界上拥有巨大的影响力，是世界上唯一绵延不绝而从没中断的古老文化，并始终充满了生机与活力。

浩浩历史长河，熊熊文明薪火，中华文化源远流长，滚滚黄河、滔滔长江是最直接的源头，这两大文化浪涛经过千百年冲刷洗礼和不断交流、融合以及沉淀，最终形成了求同存异、兼收并蓄的辉煌灿烂的中华文明。

中华文化曾是东方文化的摇篮，也是推动整个世界始终发展的动力。早在500年前，中华文化催生了欧洲文艺复兴运动和地理大发现。在200年前，中华文化推动了欧洲启蒙运动和现代思想。中国四大发明先后传到西方，对于促进西方工业社会形成和发展曾起到了重要作用。中国文化最具博大性和包容性，所以世界各国都已经掀起中国文化热。

中华文化的力量，已经深深熔铸到我们的生命力、创造力和凝聚力中，是我们民族的基因。中华民族的精神，也已深深根植于绵延数千年的优秀文化传统之中，是我们的精神家园。但是，当我们为中华文化而自豪时，也要正视其在近代衰微的历史。相对于5000年的灿烂文化来说，这仅仅是短暂的低潮，是喷薄前的力量积聚。

中国文化博大精深，是中华各族人民5000多年来创造、传承下来的物质文明和精神文明的总和，其内容包罗万象，浩若星汉，具有很强的文化纵深感，蕴含丰富的宝藏。传承和弘扬优秀民族文化传统，保护民族文化遗产，已经受到社会各界重视。这不但对中华民族复兴大业具有深远意义，而且对人类文化多样性保护也有重要贡献。

特别是我国经过伟大的改革开放，已经开始崛起与复兴。但文化是立国之根，大国崛起最终体现在文化的繁荣发展上。特别是当今我国走大国和平崛起之路的过程，必然也是我国文化实现伟大复兴的过程。随着中国文化的软实力增强，能够有力加快我们融入世界的步伐，推动我们为人类进步做出更大贡献。

为此，在有关部门和专家指导下，我们搜集、整理了大量古今资料和最新研究成果，特别编撰了本套图书。主要包括传统建筑艺术、千秋圣殿奇观、历来古景风采、古老历史遗产、昔日瑰宝工艺、绝美自然风景、丰富民俗文化、美好生活品质、国粹书画魅力、浩瀚经典宝库等，充分显示了中华民族厚重的文化底蕴和强大的民族凝聚力，具有极强的系统性、广博性和规模性。

本套图书全景展现，包罗万象；故事讲述，语言通俗；图文并茂，形象直观；古风古雅，格调温馨，具有很强的可读性、欣赏性和知识性，能够让广大读者全面触摸和感受中国文化的内涵与魅力，增强民族自尊心和文化自豪感，并能很好地继承和弘扬中国文化，创造未来中国特色的先进民族文化，引领中华民族走向伟大复兴，在未来世界的舞台上，在中华复兴的绚丽之梦里，展现出龙飞凤舞的独特魅力。

千古名楼——岳阳楼

湖北名楼——黄鹤楼

江南名楼——滕王阁

岳阳楼

湖南岳阳楼始建于220年前后，其前身相传为三国时期东吴大将鲁肃的“阅军楼”，在中唐李白赋诗之后，始称“岳阳楼”。

岳阳楼建筑构制独特，风格奇异。其楼顶为层叠相衬的“如意斗拱”托举而成的盔顶式，这种拱而复翘的古代将军头盔式的顶式结构在我国古代建筑史上是独一无二的。

岳阳楼自古有“洞庭天下水，岳阳天下楼”之誉，与江西南昌的滕王阁、湖北武汉的黄鹤楼并称为我国江南三大名楼。

鲁肃为操练水军修建阅军楼

鲁肃雕像

在我国三国时期，当时的湖南岳阳是魏、蜀、吴三国必争之军事要塞。为此，吴国军师周瑜便据守江陵，并以这里为根据地，屯驻军队，储备粮草。

210年，周瑜上奏吴国首领孙权，建议出兵先攻蜀国的刘备，再取襄阳，北击魏军曹操，进而一统天下。

孙权准奏，周瑜便急忙整顿军马，筹备粮草，欲取巴蜀。但就在这时，踌躇满志的周瑜却忽染暴病，逝于

“巴陵胜状”匾额

岳阳，年仅36岁。

周瑜临终时写下遗书：“人生有死，修命短矣，诚不足惜。”并对孙权说：“鲁肃忠烈，临事不苟，可以代瑜。”

鲁肃，字子敬。他出身富贵人家，家道殷实，乐善好施。而且和善慈祥，足智多谋。

孙权深知鲁肃的才干，便采纳了周瑜的建议，当即任命鲁肃为奋武校尉、横江将军，屯陆口，接替周瑜统领部队。周瑜私属部队4000多人，以及原来的奉邑等地，全都转归鲁肃所有。

早在东汉末期，岳阳名巴丘。因地处天岳幕阜山之南、洞庭湖之北、又改称岳阳。这里沃野连绵，鱼丰米足。由于处江湖之交，为荆襄门户。

赤壁大战中，曹军进退都经过巴丘。大战后，巴丘是孙、刘两个军事集团的交界处。

215年，鲁肃接替周瑜驻守巴丘后，认为“巴丘正当江湖汇口，四通八达，为古来水陆争战之地，尤

巴蜀 先秦时期地区名和地方政权名。主要在今重庆、四川境内。东部为巴国，西部为蜀国。据《华阳国志》所记，先秦巴蜀是一个多民族的地区，其中有濮、苴、龚、奴等民族。此外，巴蜀文化是与中原有别的另一民族文化。六朝以前的茶史资料表明，我国茶业，最初兴起于巴蜀，是我国茶业和茶叶文化的摇篮。

岳阳楼瞻岳门

利水战，应成为一个重要的水军据点”。

刘备借得荆州后，令关羽驻守，与鲁肃对垒。鲁肃驻守巴丘期间，为防御关羽和曹军再次南下，便在水面广阔的洞庭湖加紧操练水军。

他选择洞庭湖与长江的咽喉之地，也就是后来的岳阳楼一带，构筑险固的巴丘城，并在城西依湖临水地势高敞处，建造了训练和检阅水军的阅军楼。

阅军楼临岸而立。登临阅军楼可观望洞庭全景，湖中一帆一波皆可尽收眼底，气势非同凡响。这座阅军楼，就是湖南岳阳洞庭湖畔岳阳楼的前身。据《巴陵县志》记载，岳阳楼“肇自汉晋”，或称“鲁肃阅军楼”。

在鲁肃死后63年，也就是280年，晋太康在巴丘城建立了巴陵县，巴丘城的阅军楼改为巴陵城楼。

南北朝时，以罗县、吴昌县、新置玉山县、巴陵县、湘滨县五县及湘阴县建岳阳郡，郡治所设在今汨罗之长乐镇。

后来对巴陵城楼进行了重修，使这一十分简陋的军事设施，成为供人游览的场所。那壮阔绮丽的风光，已为诗人吟咏。此后，常有骚人墨客登楼赋诗。

最早见于南北朝时诗人颜延之的诗《始安郡还都与张湘州登巴陵城楼》：

却倚云梦林，前瞻京台囿。

清雰霁岳阳，曾晖薄澜澳。

这首诗作于422年。当时，颜延之受权臣徐羡之排斥，出为始安太守，道经汨潭，与张劭有过一段交往，并作《祭屈原文》《祭虞帝文》，借凭吊古代圣贤，以抒发自己遭受忌疑而被放外任的悲愤情怀。

426年，南北朝时期宋朝文帝刘义隆征颜延之为

荆州 古称“江陵”，以三国时期的荆州城而得名。历史上曾为楚国故都，是楚文化的发祥地之一，也是三国古战场，历史上“刘备借荆州”等脍炙人口的三国故事都发生在这里。荆州现成为我国历史文化名城。

洞庭湖畔的古阅军楼

中书侍郎。颜延之在返京途中，又与张湘州相会，和他共登巴陵城楼，并写下这首诗，留下了“清雰霁岳阳，曾晖薄澜澳”的佳句，为后世所传颂。

这首诗是我国诗歌史上第一首咏岳阳楼的诗。全诗结构严谨，气势开阔，境界雄浑，寄托遥深，对后世相关题材的文学有较大影响。

在诗中，颜延之第一次将巴陵城称为岳阳，自此，“岳阳”两字便在历史上崭露头角。可是，这时的巴陵城楼还不叫岳阳楼，那时的人们认为楼建在西门城上，便称它为西楼；又因位于郡署的南面，有人称它为南楼；还因濒临洞庭湖，有人称它为洞庭楼或洞庭连天楼。

隋文帝时，废岳阳郡建巴州，519年，又将巴州改称岳州。

阅读链接

据山海经记载：四川有大蛇，曰巴蛇。按甲骨文考证，其实巴就是蛇，巴字上面的长方块原本是一椭圆中加一点，代表蛇头，下面的弯勾代表弯曲的蛇身。“巴蛇吞象，三岁而出其骨”，可见蛇非常大。

夏时，后羿为民除害，上射十日，下杀洪水猛兽，去到四川追杀巴蛇，大蛇无路可走，即从巴峡穿巫峡，便下襄阳到岳阳，顺江而下逃至此处，本想猫进洞庭湖的宽阔水面以藏身，却不料后羿紧随而至，于此地斩杀。

死后蛇骨堆积如丘，此地也因此称呼“巴丘”，也就是岳阳楼的楼址。

神仙帮助木匠修建岳阳楼

我国的岳阳楼，自建成以后，经过了多次兴废，到唐代时，整座楼阁又重建了一次。

那是716年的事了。这一年，唐朝中书令张说被贬到岳州来当刺史。他到了岳州之后，愁眉紧皱，痛苦不堪。

唐代岳阳楼模型

岳阳楼城墙

有一天，他带着几个人出去巡视管辖区，顺便散散心，可是转了半天，也没找到个风景好的地方。

太阳快落山的时候，张说带着随从转到西门外湖边，看见前面有个圆形石台，上面建了个小亭阁，亭上挂着“阅兵台”匾额。

这个阅兵台是三国时期吴国大将鲁肃在洞庭湖操练水兵时修建的。张说登上阅兵台，远望无边无际的洞庭湖，顿时感到心胸开阔多了。

一个随从对张说说：“老爷，这里既可登高望远，又可观赏湖光山色，如果在高处筑建楼阁，那该多好呀！”

张说听了，觉得有些道理，便打定主意，只等良辰吉日，动工建楼。第二天立即出榜，招聘名师巧匠，担任工程总管。

一天，从潭州来了一个青年木工，名叫李鲁班，

鲁班 姓公输，名般。又称公输子、公输盘、鲁般。不少古籍记载，很多木工器械都是他发明的，像木工使用的曲尺，也叫鲁班尺。又如墨斗、锯子、钻子等。他是我国古代的一位出色的发明家，2000多年以来，他的名字和有关他的故事，一直广为流传。我国的土木工匠们都尊称他为祖师。

自称擅长土木设计，无论什么亭阁楼台、宫殿庙宇，都能设计得尽善尽美。

张说便命他主管工程，限他一个月之内，画出一座三层、四角、五梯、六门、飞檐、斗拱、盔顶的楼阁图样来。

李鲁班成天躲在房子里，画了又画，算了又算，整整七七四十九天，纸样画了一大堆，不是绘成一座土地庙，就是画成一个过路亭。他累得满头大汗，还是没有画出一个令人满意的图样来。

这个时候，张说特别生气，认为李鲁班在说大话，就对他说：“眼下工匠来了那么多，只等你的图了。你这是在耽误大家的时间啊！我再宽限你几天时间，到时候交不出来，绝不轻饶你！”

李鲁班吓出一身冷汗，想来想去，也想不出什么好办法来，一个人坐在洞庭湖边哭起来了。

飞檐 我国传统建筑檐部形式之一，多指屋檐特别是屋角的檐部向上翘起，若飞举之势，常用在亭、台、楼、阁、宫殿、庙宇等建筑的屋顶转角处，四角翘伸，形如飞鸟展翅，轻盈活泼，所以也常被称为飞檐翘角。它能够营造出壮观的气势和古建筑特有的飞动轻快的韵味，为我国建筑民族风格的重要表现之一。

岳阳楼走廊

木工、石匠见他哭得实在伤心，跑过去劝他说："你这个青年人，何必这么认真呢！不知道就不知道嘛，好好地在张大人面前认个错就是了。"

也有人说些风凉话："既然取名鲁班，就一定有鲁班的本领，设计一个小小楼阁算得了什么？"

李鲁班听了这些话，便诚恳地说："各位师傅，我在乡下也做了6年手艺，茅屋瓦房盖过百十来栋，真没有想到画个楼阁会有这么难呀。事到如今，只好请众乡亲帮帮忙，往后再重重地报答诸位。"

这时，有位白发老人从人群中走出来了，大家谁也不知道他叫什么名字，只知道两个月来，他每天都在工地上转来转去，问长问短。

白发老人对李鲁班说："我看真鲁班的技艺也是从小勤学苦练得来的，如果像你这样躲在房子里画图，是很难画出非常壮观的楼阁的，你还要多向别的师傅学习呀！"

客栈 为古代酒店的称号，人们在出外远行时便会找地方投宿，而提供这些供人暂住的地方就称为客栈。也指设备较简陋的旅馆，兼供客商堆货并代办转运。后来"客栈"一词已由现实的东西转为聚脚地的代名词。

岳阳楼建筑

仰视岳阳楼

“看样子，您一定也是个木工师傅？”李鲁班恭恭敬敬地跟老人说，“您老人家见多识广，请您多多指教！”

“我没有画过图，”老人说：“只不过呢，我这里有些小玩意儿，你若喜欢，不妨拿去摆弄摆弄，或许会摆出一些名堂来的。”

说着，老人把背着的包袱打开，里面装的是一大堆长的、短的和圆的、方的木坨坨，上面还编了号码，他随手往地上一摊，说：“若是还差点什么的话，到连升客栈的楼上找我就是了。”

说完之后，白发老人头也不回地走了。

李鲁班抱起那堆木坨坨，蹲在工棚里苦思冥想，摆来弄去，竟连饭也顾不上吃了。

有个年轻木匠见他这样入迷，抓起几个木坨坨往草堆里一丢，说：“哼，那个老汉疯疯癫癫的，说不定是个吹牛皮大王，我们真的相信他吗？”

旁边几个老木匠连忙说：“年轻人还是谦虚一点的好，人家年纪那么大了，他过的桥，比你走的路还多！你凭什么说他吹牛皮呢？”

■岳阳楼城墙台阶

楼阁 我国古代建筑中的多层建筑物。早期楼与阁有所区别，楼指重屋，处于次要位置；阁指下部架空、底层高悬的建筑，居主要位置。后来并无严格区分。楼阁多为木结构，构架形式有井傒式、重屋式、平坐式、通柱式等。佛教传入我国后，大量修建的佛塔即为楼阁建筑。

老木匠们陆续坐下来和李鲁班一起按着木坨坨上面的号码，慢慢地摆弄起来。他们摆了又摆，突然，大家高兴地齐声喊叫起来："快来看啊，一座漂亮的楼阁模样儿做好了！"

木匠们听到后，跑过来一看，果然是一座壮观的楼阁模型。

不一会儿，木匠们都围了过来，大家对此夸赞不已。可是看来看去，就是有个飞檐少了5个斗拱。大家按号码仔细查了一遍，整缺了5个木坨坨。

刚才那个丢木坨坨的青年木匠也跑来了，毫不在乎地说："整整一座楼阁的模样儿都做出来了，差这几个木坨坨愁什么！等我来做几个补上去就是了。"

哪知道他做了一天一夜，木头砍了百十块，就是没有一个合适的，不是长了半分，就是短了半分。这时，他才想起被自己丢掉的那几个木坨坨，心中觉得过意不去，只好对大家说：“实在对不起大家，只怪我太不懂事，那少了的木坨坨，就是先前被我丢掉的那几个。”

“丢在哪里了？快带我们去找回来。”大家齐声问道。

“就在前面的茅草堆里。”青年木匠领着大家在那一片野草丛里找来寻去。好不容易找出了4个，还有一个却怎么也找不出来，野草都拔光了，也不见木坨坨的影子。

就在这时，太守张说听说楼阁模型造好了，急忙赶过来一看，果然气派不凡。他高兴极了，连声称赞说：“如此壮观、雄伟，真可谓天下第一楼矣！”

“启禀老爷，此楼模型还差一个飞檐斗拱。”

“此楼的模样出自何人之手？快快请来，并将斗拱补上。”

“禀老爷，是个白发老人，不知姓名，只知他住

斗拱 又称斗科、欂栌，我国建筑特有的一种结构。在立柱和横梁交接处，从柱顶上的一层层探出成弓形的承重结构叫拱，拱与拱之间垫的方形木块叫斗。两者合称斗拱。斗拱又有一定的装饰作用，是中国古典建筑的显著特征之一。

■岳阳楼石牌坊

在连升客栈。”

太守张说领着大家急急忙忙奔到连升客栈，要找白发老人。

客栈老板娘听说这张太守亲自来找人，不知出了什么事，连忙慌慌张张跑了出来说：“哎呀，这个白发老人进店两个多月了，白天从不在屋，夜间就在楼上又劈又锯地闹到半夜。我还以为他帮人家做家具，谁知道他只给那些孩子做些好玩的。”

“快快打开楼门，让我去看个究竟。”

张说急不可待的样子，把老板娘吓坏了，她连忙把楼门打开，让他查看。

张说上楼一看，没见老人的影子，只见床上摆着一张绘制得精致美观的楼阁图样，桌子上还有十几个木坨坨。老师傅们认真地翻了一阵，发现桌上正好有缺少的那个号码的木坨坨，连忙拿回去一摆，便构成

楼基 也称地基，是指建筑物下面支承基础的土体或岩体。作为建筑地基的土层分为岩石、碎石土、砂土、粉土、黏性土和人工填土。地基有天然地基和人工地基两类。天然地基是不需要人加固的天然土层；人工地基需要人加固处理，常见有石屑垫层、砂垫层、混合灰土回填再夯实等。

岳阳楼北门牌坊

一份完整无缺的楼阁模型了。

张说和大家拍手大笑起来："这才是真鲁班来了，大家一定要把他找到。"

可是谁也不知道他到什么地方去了，张说连忙派人到岳州城内城外四处查访。头天没找到，第二天还是没影子。

直至第三天清早，忽然有人前来报信，说有个白发老人在湖滩上用石头砌了一个拱洞，又在拱洞上面砌房子。

张说听了，领着几个人连忙赶到湖滩。可是那个白发老人又不见了，只见那石头砌成的拱洞上面，架起了一个非常美丽壮观的楼阁。

岳阳楼南门牌楼

张说指着湖滩上的楼阁模型，赞叹道："此人才智非凡，看来用拱洞做楼基可算别具一格。这真是得天之助也！"

他抬头一看，只见一个白发老人，手握一把尺子，正在对面高坡上丈量土地。

张说连忙问众人："前面可是……"

李鲁班高兴地叫喊起来："正是他，正是那位老师傅呀！"

张说忙赶上前去，一边行礼，一边说："久仰师傅技艺超群，今日得见，真是三生有幸，敢问师傅莫不是姓鲁？"

白发老人连连摇头说："我不姓鲁，而姓卢，鲁班是我的师父。"

岳阳楼下的岳阳门

“令师今在何处？请求指点，下官有事求见。”

白发老人指着前面许多木工、泥匠说：“你看他正在那里向老师傅们请教哩！”

众人顺着他手指的方向看去，果然有个异样的老人，兴致勃勃地正在和工匠们谈论着什么。

张说领着大家赶过去一看，那些正忙着做事的木工泥匠，仿佛人人都像刚才看见的那个卢师傅，但又分不清哪个是真正的鲁班。

等他们回头再去找那个卢姓师傅时，只见地上留下一把尺子，上面清清楚楚刻了“鲁班尺”3个字。

张说急忙登上当年鲁肃的阅兵台，面对八百里洞庭湖水高声呼喊着：“鲁班师傅，请你再来呦！”

湖面上顿时远远近近响起一片“来呦……来

鲁班尺 亦作“鲁般尺”，为建造房宅时用的测量工具，主要用来校验刨削后的板、枋材及结构之间是否垂直和边棱成直角的工具。鲁班尺融合了丁兰尺后，又融入寸、厘米，是度量、矫正的重要工具。由于其特殊的功能，在风水文化、建筑文化中表现最为广泛。

呦……”的回声。

这时，西边天上，红霞万朵，仿佛有个白发老人，乘着一只白鹤，在水天尽头飞升而去。

木工、泥匠师傅们按照那白发老人设计的式样终于造成了楼阁，并以西城门拱洞作为楼基。

人们把三层飞檐拱取名为“鲁班门”。由于这个楼阁位于岳山之阳，所以称它为“岳阳楼”。

此座楼阁为四柱三层，飞檐、盔顶、纯木结构，楼中四柱高耸，楼顶雕梁画栋，金碧辉煌，远远望去，恰似一只凌空欲飞的鲲鹏。

其建筑的另一特色，是楼顶的形状酷似一顶将军头盔，既雄伟，又不同于一般。

飞檐盔顶的纯木结构。楼顶承托在玲珑剔透的如意斗拱上，曲线流畅，陡而复翘，为我国历史古建筑中独一无二的，很具有建筑特色。

鲲鹏 我国古代神兽之一，最早见于庄子的《逍遥游》。《庄子》说有一种大鸟叫鹏，是从一种叫作鲲的大鱼变来的。传说有一大鱼名曰鲲，长不知几里，宽不知几里，一日冲入云霄，变作一大鸟可飞数万里，名曰鹏。我国史籍记载，在渤海，秦汉以前多见海鲸。鲸体型极大，可长达30米，所以庄子所说的鲲鹏，是指渤海的海鲸。

岳阳楼建筑

岳阳楼麒麟

此外，岳阳楼从历代传世的《岳阳楼图》和后来的保持着清代原构史迹的岳阳楼建筑来看，其雕饰整体显示出以灵秀为主的江南雕饰艺术的特征。

楚地气象万千的自然风物与人文精神的交会，使岳阳楼雕饰获得了丰富的滋养环境。可以说，岳阳楼雕饰兼容了雄健与清秀、硕实与空灵、粗犷与细腻的审美特征。

阅读链接

相传，在重修岳阳楼时，正遇上大寒潮，天气格外寒冷，当地的蔬菜全部被冻死了。那些修楼的木匠吃不上新鲜的蔬菜，各个显得面黄肌瘦，眼睛都看不清东西。

于是，有几个胆大的工匠，就到湖里去捞鱼虾，好给修楼的师傅们下饭。可是，他们在冰冷的湖水里忙了大半天，连一条小鱼都没捞到。

工匠们正要回去，忽然来了一位白发老人，抱着一大堆刨木花。他抓起一把往湖里一撒，口中还念道：“刨木花，刨木花，快变鲜鱼莫变虾。今日捉捞十几斤，往后滋养千万家。”

老人刚念完这个咒语，只见他撒入湖里的刨木便立即变成了许多小鱼。不过，这些鱼都没有眼睛和鳞片。

于是，老人又从袋里取出墨斗，用墨汁拌了滩上泥沙，抓起一把黑砂，对着湖面上的鱼群撒下去。这样，那些小鱼立即有了鱼鳞和眼睛。

工匠们赶紧把这些鱼儿捞回去给修楼的师傅们充饥。师傅们有了小鱼充饥，他们的体力逐渐恢复，也有力气干活了，很快便建成了一座壮观的楼阁。

重修以后的岳阳楼全貌

在1700余年的历史中，岳阳楼屡修屡毁，又屡毁屡修。后来的岳阳楼，是在1880年重建的岳阳楼基础上进行整修的。

在这次的修整中，人们同时修建了周围的南极潇湘、北通巫峡、朝晖夕阴、气象万千四座牌坊，刷新了怀甫、三醉、仙梅三座辅亭，以及怀甫亭、三醉亭、仙梅亭等古迹。

岳阳楼

■岳阳楼景致

为此，修复后的岳阳楼保存了清朝的式样和大部分的建筑构件。岳阳楼的建筑构制独特，风格奇异。气势之壮阔、构制之雄伟，堪称江南名楼。

岳阳楼坐东向西，面临洞庭湖，遥见君山。楼平面呈矩形，正面3间，周围廊，三层三檐，主楼高21.35米，台基以花岗岩围砌而成，平面呈长方形，台基宽度为宽17.2米，进深15.6米，占地251平方米。

在建筑风格上，前人将其归纳为木制、4柱、3层、飞檐、斗拱、盔顶。纯木结构，楼中四柱高耸。

岳阳楼是纯木结构，整座建筑没用一钉一铆。如此雄伟的楼阁，仅靠木制构件的彼此勾连，既要承受无数游人的重量，又要经受岁月的剥蚀，这样精湛的建筑工艺，实在让人叹为观止。

“四柱”指的是岳阳楼的基本构架，首先承重的主柱是四根巨大的楠木，这四根楠木被称为通天柱，从一楼直抵三楼。

岳阳楼的柱子除四根通天柱外，其他的柱子也都是四的倍数。其中廊柱有12根，主要对二楼起支撑作用，再用32根梓木檐柱，顶起飞檐。这些木柱彼此牵

君山 古称洞庭山、湘山、有缘山，是八百里洞庭湖中的一个小岛，与千古名楼岳阳楼遥遥相对，总面积0.96平方千米，由大小72座山峰组成，被“道书”列为天下第十一福地。君山名胜古迹比较多，其文化底蕴非常深厚，此外，君山岛有5井4台、36亭、48庙。

制，结为整体，既增加了楼的美感，又使整个建筑更加坚固。

岳阳楼的三层楼采用如意斗拱承担楼顶，全楼纯木质结构，榫卯契合，十分坚固耐久。

“斗拱”是我国建筑中特有的结构，由于古代建筑中房檐挑出很长，斗拱的基本功能就是对挑出的屋檐进行承托。这种方木块叫作“斗”，托着斗的木条叫作“拱”，二者合称斗拱。

岳阳楼的斗拱结构复杂，工艺精美，几非人力所能为，当地人传说是鲁班亲手制造的。斗拱承托的就是岳阳楼的飞檐，岳阳楼三层建筑均有飞檐，叠加的飞檐形成了一种张扬的气势，仿佛八百里洞庭尽在掌握之中。

岳阳楼第一层有三大间，有檐廊而无廊柱，挑檐

榫卯 也称斗榫，就是指在两个木构件上所采用的一种凹凸结合的连接方式。凸出的部分叫榫或榫头；凹进的部分叫卯或榫眼、榫槽，这是我国古代建筑、家具及其他木制器械的主要结构方式。在我国古代建筑中，原则上采取榫卯连接的方式，必要时也会用铁钉。

岳阳楼远眺

宽大，至檐角部分，又向上挑起与柱脊平齐。第二层也是三大间，有回廊并安设栏杆，檐角仍然向上挑承与屋檐子挑角相仿。

第三层则为三小间，相当于一、二层的一间半，檐下使用斗拱作为盔顶，檐角部仍然向上挑起与下两层相仿，只是脊部有弧线、曲线，正脊中心还安设了脊刹。

岳阳楼三层的飞檐与楼顶融为一体，形成层叠相衬的“如意斗拱”托举而成的盔顶式，这种拱而复翘的古代将军头盔式的顶式结构在我国古代建筑史上是独一无二的。

楼顶檐牙啄，金碧辉煌，远远而望，恰似一只凌空欲飞的鲲鹏。顶部和飞檐是琉璃黄瓦，门窗土红，柱则朱红，配色协调，又与蓝天、碧水交相辉映。乘船在洞庭湖中仰望，岳阳楼恰似一幅彩帐挂于云天，堂皇富丽。

岳阳楼除了主楼外，在它的南北和院内还建有仙梅亭、三醉亭和怀甫亭等辅亭，它们也跟岳阳楼一样，具有各自不同的建筑特色。

其中，仙梅亭位于岳阳楼南侧，为岳阳楼主楼辅亭之一，与三醉亭相对应。仙梅亭是一座呈六角形、二层三檐、檐角高翘、纯木结构、玲珑雅致的小亭。亭子占地面积44平方米，高7米。上盖绿色琉璃

岳阳楼院内景物

岳阳楼古亭

筒瓦，状如出水碧荷。

仙梅亭初建于明朝崇祯年间。当时，推官陶宗孔重建岳阳楼时，于楼基沙石中得石一方，去其泥水，显出二十四萼枯梅一枝，时人以为神物，称之“仙梅”，乃建亭，置石其中，名“仙梅堂”。

1775年，岳州知县熊懋奖重建岳阳楼时，在遗址上复建其亭，同时改仙梅堂为仙梅亭。

1867年，由总督曾国荃拨厘金税对岳阳楼全面重修时，仙梅亭也得到一次大的修葺，并将仙梅亭改为留仙亭。时隔不久，1880年，知府张德容在重建岳阳楼时，又将留仙亭复改为仙梅亭。

有关仙梅亭的传说很多，且说法不一，真正以文详细记载的，还是仙梅亭中竖立的那块青石板。青石板的一面是知县熊懋奖维修岳阳楼时，请画工临摹的一幅梅花图，另一面是他亲自著文记载其事的刻碑。

推官 我国古代官名。唐代开始设置，最早是节度使、观察使等官的属官，多掌理司法，不系京职，后期成为对法官的雅称。元代各路总管府亦有推官，以掌理刑狱。明代各府设推官，掌理刑名，处理民刑讼事。清末改称推官为“推事”。

■ 吕洞宾陶像

现在亭台是人们按古代的原貌重修的，亭高9米，二层二檐木结构，亭顶覆盖绿色琉璃瓦。亭旁栽有松、竹、梅“岁寒三友”，与“仙梅”虚实相映，予人以丰富想象。清人花湛露《书仙梅亭》中曾有“坚贞一片不可转，此是江南第一枝”诗句赞美该亭。

三醉亭位于岳阳楼北侧，是供奉吕洞宾的地方，与岳阳楼南侧的仙梅亭遥相呼应，据光绪《巴陵县志》记载：三醉亭最开始建于清乾隆年间1775年初，清道光年间1839年，岳州知府翟声浩重修岳阳楼，在望仙阁的旧址上，重建了这座小楼阁，并改名为斗姆阁。

1867年，湘军主要将领之一曾国荃根据吕洞宾三醉岳阳楼的故事，改斗姆阁为三醉亭。

吕洞宾是民间传说中的八仙之一，他曾两次投考进士都名落孙山，后来看破红尘，不再走读书做官的路，而去四处云游。后来，吕洞宾在庐山遇到汉钟离，汉钟离传给他剑术和长生不老的秘诀，成了仙。

成仙后，吕洞宾施药救人、广行善事，深受人们敬重，加之他被元朝皇帝封为“孚佑帝君”，是道教北五祖之一，岳阳楼才盖上了封建时代帝王专用的黄色琉璃瓦，作为吕仙的停云地。

北五祖 是道教全真道尊奉的北宗五位祖师，即王玄甫、钟离权、吕洞宾、刘海蟾、王重阳。全真道为表明该派道统源远流长，称太上老君传于金母，金母传白云上真，白云上真传王玄甫，王玄甫传钟离权，钟离权授吕洞宾和刘海蟾，吕洞宾授王重阳，王重阳授北七真。

三醉亭，因传说中的吕洞宾三醉岳阳楼而得名。据《辞海》中记载，吕洞宾的神话传说，大概最早起于北宋岳州一带。

相传，吕洞宾三次到岳阳楼，为这里的山、水和美酒所迷，每次都喝得大醉。在大醉后，吕洞宾还在此楼阁上留下两首诗，其中一首诗写道：

独自行来独自坐，无限世人不识我。

惟有城南老树精，分明知道神仙过。

后来，吕洞宾在岳阳楼醉酒和留诗的事很快传遍全城。为了纪念诗酒仙人，人们在岳阳楼旁修建了这座三醉亭。

三醉亭是一座仿宋建筑的方亭，为岳阳楼主楼辅亭之一。它占地面积135.7平方米，高9米，为二层二檐，顶为歇山式，红柱碧瓦，门窗

岳阳楼三醉亭

岳阳楼北侧门

雕花精细，藻井彩绘鲜艳，外形装饰华丽、庄重。

三醉亭也和岳阳楼一样属纯木结构，门上雕有回纹窗棂，并饰有各种带有传奇故事的刻花。一楼楼屏上是由岳阳楼管理处殷本祟绘制的吕洞宾卧像，作者把吕洞宾飘逸的神态、潇洒的风度表现得淋漓尽致。画上并有吕洞宾所作的一首七绝诗：

朝游北越暮苍梧，袖里青蛇胆气粗。
三醉岳阳人不识，朗吟飞过洞庭湖。

怀甫亭坐落在岳阳楼院内临湖的五坪台，经岳阳门沿石级而下，至点将台往南100米的地方。

怀甫亭建于唐朝伟大的诗人杜甫诞辰之际。当时，世界上有关组织将杜甫定为世界四大文化名人之

歇山式 即歇山式屋顶，宋朝称九脊殿、曹殿或厦两头造，清朝改今称，又名九脊顶。为我国古建筑屋顶样式之一，在规格上仅次于庑殿顶。歇山顶共有九条屋脊，即一条正脊、四条垂脊和四条戗脊，因此又称九脊顶。由于其正脊两端到屋檐处中间折断了一次，分为垂脊和戗脊，好像“歇”了一歇，故名歇山顶。

一，为了怀念这位忧国忧民的“诗圣”，岳阳人民便在杜甫晚年活动过的地方建了这座小亭，命名为“怀甫亭”。

怀甫亭是一座玲珑典雅、坐南朝北的方形小亭。它占地40平方米，高7米，四根大柱，四周环以栏杆。小亭上部为纯木结构，翘首脊饰精美，藻井彩绘鲜艳。亭中竖有石碑一方，正面刻着杜甫的画像和《登岳阳楼》诗，背面刻着他的生平事迹。

怀甫亭北面檐下悬挂着一块写着“怀甫亭”3个大字的樟木匾额。在怀甫亭西亭柱上挂着一副对联：

舟系洞庭，世上疮痍空有泪；魂归洛水，人间改换已无诗。

七绝诗 七绝，是七言绝句的简称，属于近体诗范畴。绝句是近体诗的一类：由四句组成，有严格的格律要求。常见的绝句有五言绝句、七言绝句，还有很少见的六言绝句。每句七个字的绝句即是七言绝句。一般而言，第一、二、四句平声同韵；第三句仄声不同韵。整首诗的意境高，文辞雅，寓意深。

岳阳楼建筑

此联表达了对杜甫一生的遭遇十分的惋惜和无限的怀念之情。

据史料记载，杜甫晚年曾由四川乘舟进入洞庭，流落寄居在岳州。当时，杜甫已穷困潦倒，家贫如洗，只有一叶孤舟伴随着他孤独一身漂流江湖。杜甫来到岳阳后，登上岳阳楼，百感交集写下了许多首感人的诗篇。

其中，杜甫的《登岳阳楼》一诗，寥寥40个字，既写出了洞庭湖和岳阳楼的雄伟壮观，也道出了自己的悲惨遭遇和对国事的忧虑。杜甫透过诗歌所表露出来的忧国忧民之心，感人肺腑，撼人心魄。

在岳阳楼下的沙滩上，有三具枷锁形状的铁制物品，重达750千克，吸引不少游人前来观看。其用途为何，一直说法不一。

岳阳楼是江南三大名楼中唯一保持原貌的古建筑，它的建筑艺术价值无与伦比。

阅读链接

岳阳楼在1880年最后一次修成后，中华人民共和国成立前，楼身已经破旧不堪。

中华人民共和国成立后，党和政府对岳阳楼极为珍视，人民政府多次拨款对岳阳楼进行了维修，还修建了怀甫亭、碑廊，重建了三醉亭和仙梅亭等古迹。

1983年，国务院拨专款对岳阳楼进行了为期一年半的以“整旧如旧”为宗旨的落架大修，把已腐朽的构件按原件复制更新。

1984年5月1日，岳阳楼大修竣工并对外开放。

我们现在看到的岳阳楼便是中华人民共和国成立后修复以后的建筑。

楼阁上下的精美雕饰艺术

岳阳楼的雕饰艺术通过对雕饰材料的选择、雕饰造型的追求和对雕饰主题的挖掘，展示出建造岳阳楼的人文思想和艺术特色。

首先，岳阳楼的雕饰主要以木构件为主进行创作，体现了功能和

古朴壮观的岳阳楼

岳阳楼内部景物

审美的统一。

岳阳楼雕饰造像以木构件为基形，即雕饰以构件为基形进行构思、创作，是建筑的构成对象，同时又具有独立的审美价值。

如岳阳楼的斗拱，其外檐斗口上均有插卯，卯头从下至上分别饰有靴头、龙头、凤头、云头，是结构与装饰结合的最好例子。

以木构架为结构体系的岳阳楼建筑，其主要构件几乎是露明的。这些构件在制造的过程中大都进行了美的加工。如向上拱起呈富有弹性曲线的月梁、下端呈尖瓣形的瓜柱、上下梁枋之间的龙头垫木。这些构件都是在不损坏原有构件基本形状的基础上进行造型，显得自然而不勉强。

月梁 就是房梁的意思。在北方的木结构建筑中，多做平直的梁，而南方的做法则将梁稍加弯曲，形如月亮，故称之为月梁。月梁，是月亮的一种形状，梁高呈弧形，梁底略向上凹。

岳阳楼格扇门裙板上以花卉翎毛为题材的26幅木

雕作品运用的是浮雕的基本技法。其线条是浮雕造型的主要元素。

绵密流利的线条和缜密的布局使得岳阳楼木雕散发出浓浓的浪漫主义气息。工匠没有被装饰面有限的空间所束缚，而是充分利用与装饰面相适应的造型元素，发挥了装饰面本身的空间特点。

岳阳楼木雕艺术还利用建筑构件隔出的空间进行造型。源于采光需要，这类木雕技法上以透雕为主。

透雕有两种镂空形式。一种为“穿雕”，即用锯子将雕版镂空后，再在表面施以浮雕的造型手段；另一种为多层次镂刻，多则六七层，是技术要求很高的一种雕刻技法。体块是透雕主要的造型手段。

不同形态的体块，厚的、薄的、大的、小的，处于不同的层次上，前后穿插，相互交织，其丰富的内容使人目不暇接，其技艺的高超使人为之惊叹。

透雕 一种雕塑形式。它是在浮雕的基础上，镂空其背景部分，大体有两种：一是在浮雕的基础上，一般镂空其背景部分，有的为单面雕，有的为双面雕。一般有边框的称“镂空花板”。二是介于圆雕和浮雕之间的一种雕塑形式，也称凹雕、镂空雕，或者浮雕。

岳阳楼洞庭湖

岳阳楼内范仲淹蜡像

我国人深受古代太极阴阳哲学观念的影响，形成了根深蒂固的人生宇宙观和时空观。反映在岳阳楼雕饰上，则是其造型的重要特征之一，即崇尚完美。

岳阳楼雕饰中的人物、动物、花鸟等形象的造型讲究完整，避讳残缺的形象出现。人物一般刻出全身、四肢等部位，免得出现不周全的形象；叶片、花朵绝不出现因前后相遮挡而残缺的形状；鸟雀不管是飞在空中、栖息枝头，还是嬉戏于花丛中，其形象都追求完整。

岳阳楼雕饰也讲究构图的完整，有不少阴阳相对的格局和两两成双的造型。两只凤鸟、两条龙、一对蝴蝶、一对白鹤、一对喜鹊或两只蝙蝠，常常是一上一下、一左一右巧妙地互相对置在一个方形中，它们或追逐嬉戏，或翩翩起舞，舒展自如，相辅相成，给人许多美的联想。

对完整的追求还体现在偶数的使用上，花的朵数、鸟的只数等都是或二、或四、或六，绝不出现一、三、五这样的单数。

工匠出于质朴的思想感情和审美需求，在造型上追求完整的同时也求美。如表现女性时，极尽婀娜秀美之态；描绘武将时，大胆夸张，突出表现男子的阳刚之美。

为了达到完美的造型，他们甚至可以把不同节气的花草，不同属性的题材内容，天上的、现实的、想象的东西，全都统一于一件作品中，构成和谐美好的画面，给人以无穷的回味和隽永的魅力。完整与美好的有机结合，达到了和谐与统一的美学境界。

另外，岳阳楼的雕饰形象地宣扬了儒家思想的忠、孝、节、义，而且是以隐喻的表达方式表现出来的。

岳阳楼雕饰在空间分布上呈现出严整的秩序感，确立了尊卑、上下的顺序。这种严整的秩序一方面体现在不同的建筑物之间。如主楼和辅亭的尊卑区别。

另一方面体现在同一建筑物内部。岳阳楼脊饰从上至下按尊卑秩序依次排列着，如象征神权的如意云纹、象征皇权的龙凤。再如木雕空间分布，楼西面木雕数量众多且刻工讲究，是重点装饰部分。

其次为南北面，东面就只有简单的几何纹饰了。雕饰在空间分布上呈现出来的整个秩序，形象地反映出儒家“礼乐”精神对建筑造型的限制。

岳阳楼雕饰空间分布上整体的秩序感以及内容上对儒家思想的宣扬，正是文化理念通过对雕饰形式和内容的渗透，而对居游其间的人起到造就人

如意云纹 如意是自印度传入我国的佛具之一，柄端为“心”形，用竹、铜、玉制作，如意云纹，即是用这种吉祥物为图形画的画纹图像。云纹在我们传统吉祥图案中应用甚广，它不仅是宗教、神话传说中的吉祥物，还是民间彩画、刺绣、雕刻、什器等处不可缺少的装饰。

■范仲淹雕像

岳阳楼顶层的装饰

生、化育性灵的作用。

岳阳楼雕饰造型的主题还体现在造型时缘物寄情手法的运用。这种手法从作品的创作观念到形象构成以及动作符号，都寄托了民众的理想和祝福。

如吉祥动物图案：“龙凤呈祥”“喜鹊登梅”等；吉祥植物图案：春天的富贵之花牡丹、秋天的菊；各种传统纹样：平安如意、万字符等。雕饰造型的隐喻性反映了人文意识，体现了人文精神。

总之，岳阳独特的地理、人文环境及深厚的历史文化底蕴，使岳阳楼雕饰吸收了历代雕饰艺术的精华，成为一份宝贵的文化遗产。

阅读链接

岳阳楼在漫长的历史长河中，有数不胜数的文人骚客慕名而来，在这里留下了许多佳诗、佳词和佳话。

中华人民共和国成立后，为了展现岳阳楼的历史风貌，展现其浓厚的文化氛围，我国当地政府在重修岳阳楼时，还特地在岳阳楼的周边修建了碑廊、牌楼、双公祠、小乔墓、吕仙祠、点将台、历代名人蜡像馆等。

这些景点的添加，让岳阳楼更加闻名，吸引了很多的人观光。

湖北名楼

黄鹤楼

黄鹤楼位于我国湖北武昌蛇山，与湖南的岳阳楼、江西的滕王阁一道并称为我国江南三大名楼，并以其独特的地理位置和深厚的人文背景雄居于三大名楼之首，有“天下江山第一楼”的美誉。

黄鹤楼始建于223年，开始是三国时的吴国出于军事目的在此建军事瞭望台，50多年后，吴为晋所灭，黄鹤楼失去了作为军事目的的作用，成为人们登临游憩的场所。

历史上，黄鹤楼屡毁屡建，仅清代就遭到3次火灾，最后一次重建于清同治年间。

因神话传说而得名的楼阁

很久以前，在我国湖北武汉武昌的黄鹄山上，有一个姓辛的人，他以卖酒为生，并在黄鹄山上开了一家很小的酒店。

一天，有一个身材魁伟，但衣衫褴褛的老道来到酒店，向辛氏讨酒喝。辛氏的生意虽本小利微，但他为人忠厚善良、乐善好施，他见这位老道非常可怜，就慷慨地为他盛了一大碗酒。

黄鹤楼及周边建筑

■ 黄鹤楼周边的亭台楼阁

哪想到，这位老道喝了酒，并不付给辛氏酒钱。不过辛氏是个心软之人，他并没有一定要道士付钱。

这天以后，这位老道每天都来辛氏的店里要酒喝，而辛氏则总是有求必应。

如此过了半年，辛氏并不因为这位客人付不出酒钱而显露厌倦的神色，依然每天请这位客人喝酒。

有一天，这位老道突然来向辛氏告别，他告诉辛氏说："我欠了你很多酒钱，没有办法还你。但我有一件礼物送给你。"说着，他从篮子里拿出橘子皮，画了一只鹤在墙上，因为橘皮是黄色的，所以，画的这只鹤也呈黄色。

画完后，老道对辛氏说："只要你拍手相招，黄鹤便会跳舞，为酒客助兴。"说完后，老道不见了。

老道走后，辛氏拍手一试，墙上的黄鹤果然一跃而下，跳起舞来。

酒店内有此神奇的鹤的消息传开后，辛氏酒店吸

道士 是道教的神职人员。他们因信仰道教而皈依之，履行入教的礼仪，自觉自愿地接受道教的教义和戒律，过那种被俗世视为清苦寂寞而他们却视为神圣超凡的宗教生活。同时，道士作为道教文化的传播者，布道传教，为其宗教信仰尽职尽力，从而在社会生活中，也扮演着引人注目的角色。

黄鹤楼模型

引了很多人前来观看黄鹤起舞。从此，辛氏酒店的生意越来越好，辛氏也因此发了财。

10年后的一天，老道又出现在辛氏的酒店，他取下铁笛，对着墙上的黄鹤吹起一支奇妙的曲调，黄鹤闻声而下，载着老道飞走了，从此再也没有回来。

辛氏为了纪念老道和仙鹤，便将自己多年积攒的钱拿出来，在酒店旁盖起了一座高楼，起初，人们称之为“辛氏楼”，后来便称为“黄鹤楼”。

但是，神话毕竟是神话，其实，黄鹤楼的真正来历，是在三国时期，东吴出于军事上的需要，于223年修建的。在唐代《元和郡县图志》中有这样的记载：

> 孙权始筑夏口故城，城西临大江，江南角因矶为楼，名黄鹤楼。

《元和郡县图志》写于806年至820年，这是我国唐代一部地理总志，对古代政区地理沿革有比较系统的叙述。该志在魏晋以来的总地志中，不但是保留下来的最古老的一部，也是编写得最好的一部。此书的作者为唐李吉甫。

由此可见，黄鹤楼最初是为了军事目的而兴建的。当时，这座著名的楼阁修建在形势险要的夏口城，也就是后来的武昌城西南面朝长江处。

不过，尽管如此，人们还是习惯相信仙鹤神话的故事。为此，后人们在重建的黄鹤楼的第一层建筑中，还专门以仙鹤的故事为前提，制作了一幅高9米、宽6米的大型彩色瓷壁画《白云黄鹤图》。

这幅壁画由756块彩陶板镶嵌而成。画面上黄鹤楼居中矗立，上有黄鹤飞舞，下有郁郁山林和滚滚波涛、悠悠白云，在水天之间，产生了一种“水从天上降，云从脚下升”的意境。

有一位仙人驾着黄鹤腾空而起，他口吹玉笛，俯视人间，似有恋恋不舍之情。底下是黄鹤楼前聚集的百姓们，他们或把酒吟诗，或载歌载舞。整个画面表现出一派黄鹤归来的欢乐景象，洋溢着神奇而浪漫的气氛。此外，黄鹤楼的下面还盛开了许多梅花。

那么，黄鹤楼到底是由于仙鹤而命名，还是其他原因呢？

关于这个疑问，人们则认为，它因山得名的真实性最大。

夏口城 是武汉建城最早的有明确文字纪年的城池。位于汉水下游入长江处，由于汉水自沔阳以下古称夏水，故名。夏口在江北，三国吴置夏口督屯于江南，北筑城于武汉黄鹄山上。赤壁之战后，孙权自南京移治于鄂州，改名武昌。

黄鹤楼壁画《白云黄鹤图》

黄鹤楼胜像宝塔

黄鹤楼所在的蛇山，是由东西排列而首尾相连的七座山组成。自西而东为黄鹄山、殷家山、黄龙山、高观山、大观山、棋盘山、西山，全长2000余米，因其形同伏蛇，故名蛇山。

黄鹤楼建在黄鹄山顶，在古汉语中，“鹄鹤”两字同音，故又名黄鹤山，黄鹤山上的楼阁，当然就叫黄鹤楼了。

阅读链接

关于黄鹤楼的来历，还有另一个版本的神话故事。

相传，一位仙人化作人形在黄鹤楼中饮酒，不料仙人袋中银两不多，但店主并没有深究。仙人感谢店家的大度，就在墙上画了一只鹤。

并告诉店主，为了报答店主留下这只黄鹤，店主只需拍手4下，黄鹤便可在空中起舞供大家娱乐，但是，必须切记的是，黄鹤只为大家而舞。说完，仙人离去。

店家按仙人留下的方法一试，果然黄鹤起舞，大家纷纷欣赏。有一大官闻讯，包下整个地方，命令店家让黄鹤起舞。无奈，店家拍手4下，黄鹤从墙上浮现出来，步履沉重地飞舞。

接着，金光一现，店家看见当年那位仙人回来，仙人说道：“黄鹤起舞，不能只为独乐。”

说完，乘云离去，黄鹤也跟随其离去。

元明时期的楼阁和宝塔

历史上，由于兵火频繁，黄鹤楼屡建屡废，到元代时，由于当时的帝王崇信宗教，为此，这一时期的黄鹤楼也非常特别。

虽然元时建立的黄鹤楼并没有完整地保存下来，但我们仍能从当

武汉黄鹤楼牌坊

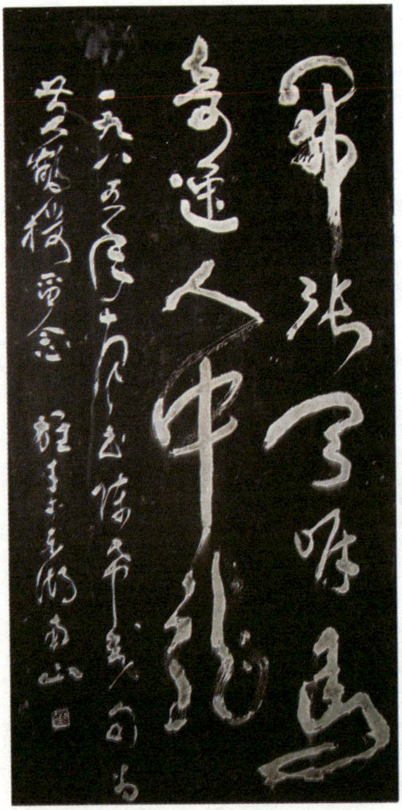

■黄鹤楼碑刻

时诗人对这座楼阁的诗文描写中找到它辉煌的形象。如自号瀛洲洲客、怪怪道人的元代诗人冯子振在《题黄鹤楼》中写道：

鹤楼千尺倚晴阑，大别山头舞峻鸾。
昨日英雄无问处，依然江汉涌波澜。

除了这些著名的诗句，在后来山西永乐宫内的壁画上，我们还能够看出当时黄鹤楼的模样。

这座建筑群主楼是南方楼阁的形制，它综合了宋楼的“十”字脊歇山顶，并将宋楼的单层檐改为双层重檐，以绿瓦裹金边的形式展现在人们面前。

在古代建筑中，有“重檐为尊”的说法，而将黄鹤楼的主楼改为双层重檐，说明它在元时的建筑中占有极高的地位。

此外，这座建筑在造型上还有它与众不同的地方，就是在主楼的面前，还建有一座具有北方特色的观景台，中间以一座旱桥连接，从整体的设计上看，既保持了汉民族的文化传统，又糅合了北方文化的元素，还充分表达了当时统治者的良好愿望：希望南北文化和人民之间能够和平共处，融合往来。

从保留下来的壁画中可以看出：元代的黄鹤楼具有宋代黄鹤楼的遗风，斗拱疏朗，飞檐大方，有两

冯子振（1253-1348年），元代散曲名家、诗人、书法家，字海粟，自号瀛洲洲客、怪怪道人。自幼勤奋好学，肄业于涟滨书院。1298年，登进士及第，时年47岁，人谓“大器晚成”。他生性嗜酒，每于酒酣耳热之际，诗兴大发，伏案即作，不论桌上有纸张多少，他都要一气写完而止。

层，两边的亭轩呈对称形，主楼前是瞭望高台。

元代的黄鹤楼在布局与内容构成方面都有不小的发展，植物配置的出现，更是一大进步，使原来单纯的建筑空间发展成为浓荫掩映的庭院空间，达到远近皆景、游憩皆宜的效果。

此外，因为元代帝王崇信宗教，为此，在1343年，元威顺王宽彻普化太子，还命人在黄鹤楼的旁边修建了一座用于供奉舍利和安葬佛法物的佛塔。

此塔又名胜像宝塔，塔高9.36米，座宽5.68米，采用外石内砖方式砌筑，以石为主，内部塔室使用了少量的砖。塔内上逐渐收缩，尺度越来越小，其轮廓线条大体呈三角形，看上去不大，但庄重持稳，具有浓厚的端庄美。

塔的外观分作座、瓶、相轮、伞盖、宝顶5部分。据旧记载，明、清两代，此塔与黄鹤楼均立于蛇

山西永乐宫 是我国道教三大祖庭之一，是为纪念八仙之一吕洞宾而建，是我国最大的元代道教宫殿。它以建筑艺术及壁画艺术而驰名中外。占地面积24.8万平方米，地处山西芮城北郊的古魏段遗址上，南临黄河，北依条山，气势雄伟，风景秀丽，距西安130千米，距洛阳200千米。

黄鹤楼附近的凉亭

山旧城墙上，塔楼并存，相映成趣。

在封闭的塔心发现一个雕刻精致的石幢，高1米有余，下为圆座，幢身为八角形，顶部刻有各种莲花装饰。塔室内还发现一个密封的铜宝瓶，摇动时，瓶内沙沙作响，瓶底为凹形，平面刻双勾字两行，内容为："洪武二十七年岁在甲戌九月卯谨志"，瓶腹刻有"如来宝塔，奉安舍利。国宁民安，永乘佛庇"。

黄鹤楼胜像宝塔

由此可见，瓶内装的是"佛"的骨灰。此塔的密封室于洪武二十七年九月十八日，也就是1394年10月13日前曾经被打开或进行过修复。后来，此宝塔成为黄鹤楼古址保存最古老、最完整的建筑。

元以后，明代修建的黄鹤楼更是多灾多难，据史书记载，明时的黄鹤楼毁建7次，最早建于明洪武年间，最后建成于崇祯时期，其楼阁的特点以清秀为主。

根据后人在重建后的黄鹤楼内，修成的明代黄鹤楼模型，我们可以知道，明代的黄鹤楼是一座皇家园林与江南园林相结合的建筑群。

黄鹤楼的主楼建在高台上，楼高3层，顶上加有两个小歇山，楼前有小方厅，再前便是入口，入口两

石幢 是我国古代祠庙中刻有经文、图像或题名的大石柱。有座有盖，状如塔。幢即刻着佛号或经咒的幡布或石柱，如经幢、石幢。它用石头建造，上刻陀罗尼经文的柱形构筑物。幢身一般为八棱形。按佛教之说，在幢上书写经文，可以使靠近幢身或接触幢上尘土的人减轻罪孽，得到超脱。

侧有粉墙环绕，门前道路一边临江，一边傍坡。

从明代的黄鹤楼建筑中，可以真切地感受到集南北文化精髓的建筑风格。这座建筑群虽不及唐、宋楼的舒展开朗，但建筑群的布置更为成熟。

长廊、亭、台、轩、牌坊等附属景点的增加，与高大雄伟的主体建筑结合，既不失北方园林的雄浑壮观，又显现出江南园林的秀美。

在我国历史上，明黄鹤楼的资料相对较多，其中描写当时楼阁的诗歌多达250首左右，还有楼记、流记和歌赋等多类文字记载。其中，以姚广孝、夏原吉和王偁等人的诗歌尤为出名。

阅读链接

黄鹤楼旁边的胜像宝塔是西藏佛教密宗的佛塔，也是佛教从印度传入我国最初的塔形，它是黄鹤楼古址保存最古老、最完整的建筑。

关于这座宝塔的来历，还有一个故事。

传说，在三国时期，黄鹤楼下有一盏巨灯，就像悬在半空中的一轮明月，把江面照得通明透亮。关羽根据这盏灯，指挥兵船拐进长江，逆流而上，按期与诸葛亮会合，并与吴军联盟火烧赤壁，大败曹操。

从火烧赤壁以后，黄鹤楼下的这盏灯一直不熄，天天为来往船只指航。道士发现，他们每拨一次灯芯，灯里就冒出油来，便舀来炒菜吃。一次，一个道士想多舀些油卖了发财，就使劲拨灯芯，哪知用力过猛，把灯芯扯掉了，这时灯里不再冒油，连整个灯都变成了葫芦形状的石塔。后来，人们就把这座石塔叫作“孔明灯”，也就是胜像宝塔。

清重建及后来的建筑布局

1636年，清军入关，建立了清王朝。为了缓和与人民群众的矛盾，清朝廷有选择地保留了汉族的文化传统，由于黄鹤楼是闻名遐迩的传统名胜，所以这座楼阁在顺治初年便得到重建。

黄鹤楼内碑刻

从1656年到1884年，黄鹤楼屡建屡废，经过了多次的整修，有了“国运昌则楼运盛”的说法。

其中，最后一座黄鹤楼建于1868年，毁于1884年的大火。

那次大火，使得黄鹤楼内文物荡然无存，在后来的遗址上只剩下唯一遗留下来的黄鹤楼铜铸楼顶。

黄鹤楼景观

不过，从清代留下的古籍中，可以看出，总体来说，清代黄鹤楼的一次次重建和修葺，使它的建筑规模一次比一次宏大，并使我国的道教文化与建筑，更加紧密地联系起来，使它从根本上达到了我国古典园林的极致。

在后来重修的黄鹤楼内，我们可以清楚地看到同治年间黄鹤楼的原型。这座建筑的特点是以三层八面为特征，主要建筑数据应合“八卦五行”之数，以求避凶趋吉。

如平面四方代表“四象”，即东、西、南、北；外出八角寓意“八卦”，明为三层法“天、地、人”三才；暗设六层合卦辞“六”之数；每楼翼角十二含十二个月、十二个时辰等概念；檐柱28根表示二十八星宿象；中柱4根代表东、西、南、北思维；层

道教文化 道教是我国土生土长的宗教，在汉朝末年创立的。道教集我国古代文化思想之大成，以道学、仙学、神学和教学为主干，并融入医学、巫术、数理、文学、天文、地理、阴阳五行等学问。内容讲求长生不老，画符驱鬼。道教创立后，尊老子为教主。

黄鹤楼匾额及题刻

檐360个斗拱合周天360度；全楼共有72条屋脊，表示一年有72候。

楼内天花，一层绘八卦，二层绘太极，合日月经天，明阴阳之象；楼顶攒尖共5个，蕴“五行”之意。楼顶紫铜葫芦3层，表示受到“三元”之托等。

可以说，这座楼阁是道教文化与我国建筑最完美的结合。为此，有人说：“岳阳胜景，黄鹤胜制。”应该说，黄鹤楼奇特的建筑风格，在我国古典园林建筑史上是独一无二的，堪称古典建筑中的一束奇葩。它是我国古代劳动人民辛勤劳动与聪明才智的象征。

由于清代时的黄鹤楼非常壮观令人向往，为此，有许多诗人和学者为这座阁楼留下了著名的诗篇。如清代诗人沈德潜在《黄鹤楼》中写道：

鹤去楼空事渺茫，楚云漠漠树苍苍。
月堤酒酌三杯晓，江水清流万古长。

三元 “元”为始、开端的意思，农历正月初一这一天为年、季、月之始，故称“三元”。“三元”又是解元、会元、状元的合称。三元，在道教教义中原指宇宙生成的本原和道教经典产生的源流，隋唐以后又衍化为道教神仙和道教主要节日的名称，并延续至今。

不遇谪仙吹玉笛，曾闻狂客坐胡床。
登临此地怀京国，也似金台望故乡。

清代官员桑调元的《黄鹤楼》写道：

黄鹤飘飘不可留，凌虚长啸此登楼。
祢衡文字真为累，陶侃功名亦是浮。
帆影带回湖口月，笛声催散汉阳秋。
扶筇独往平生愿，是处江山作胜游。

清代中叶著名诗人宋湘在《黄鹤楼题壁》中写道：

笛声吹裂大江流，
天上星辰历历秋。
黄鹤白云今夜别，

宋湘（1757～1827年），字焕襄，号芷湾，嘉应州，即今广东梅县人。清代中叶著名的诗人、书法家，政声廉影响勤奋读书，年轻时便在诗及楹联创作中崭露头角，被称为“岭南第一才子”。

■黄鹤楼大钟

美人芳草古时愁。

我行何止半天下，

此去休论八督州。

多少烟云都过眼，

酒杯还置五湖头。

自从清同治年间建成的黄鹤楼在光绪年间被毁以后，这座建筑在百年时间里都未曾重修，直至后来，黄鹤楼旧址被兴建武汉长江大桥武昌引桥时占用，于是，后来重建的黄鹤楼便建在了距旧址约1000米的蛇山峰岭之上。

这座新建的黄鹤楼是以清代黄鹤楼为蓝本，采取“外五内九”的形式，一改古楼为木质结构的建筑材料，用钢筋混凝土等现代材料建筑而成。

黄鹤楼为五层，高51.4米，楼为钢筋混凝土仿木结构，72根大柱拔地而起，60个翘角层层凌空，像黄鹤飞翔，每个翘角上的风铃在四面

黄鹤楼内部结构

来风的吹拂下发出浑圆深沉的音响。

五层飞檐斗拱，古朴典雅、色彩统一的琉璃瓦，彰显富丽堂皇，这是以清代同治楼为摹本重新设计的，既不失黄鹤楼传统的独特造型，又比历代的旧楼更加雄伟壮美。

■黄鹤楼藏品

黄鹤楼坐东朝西，楼顶为攒尖顶。四面各起一座歇山骑楼，呈五顶并立状。骑楼下的博风板之间各有一块黑底金字的楼匾。正面为“黄鹤楼”3个字，下面入口处门匾为“气吞云梦”，由唐孟浩然诗句“气蒸云梦泽，波撼岳阳城”演变而来，极言黄鹤楼气势之盛。楹联传为吕岩旧题：

由是路，入是门，奇树穿云，诗外蓬瀛来眼底；

登斯楼，览斯景，怒江劈峡，画中天地壮人间。

意思是，由这条路走进这个门里，不但可以看到高耸的奇树，穿插云霄，而且蓬莱瀛舟，这两座仙山美景，也都进入眼底。

登上黄鹤楼，眺望楼外景色，长江的怒涛仿佛

攒尖顶 即攒尖式屋顶，宋朝时称“撮尖”“斗尖”，清朝时称“攒尖”，是我国古代建筑的一种屋顶样式。特点是屋顶为锥形，没有正脊，顶部集中于一点，即宝顶，该顶常用于亭、榭、阁和塔等建筑。有单檐、重檐之分，按形状可分为角式攒尖和圆形攒尖，有四角、六角、八角等式样。

黄鹤楼及黄鹤雕塑

劈开山峡，一泻千里，直奔东海，这真是天地人间之壮观。

北面和南面两匾仍同清同治楼一样，北面是“北斗平临”，北斗，既北斗七星，因起星座在北方，形状如斗，故名。意为站在黄鹤楼一，遥望北斗，感觉北斗星与自己一样高，一样平。形容该楼之高。下面入门门匾为“云横九派”。

这里的“九派”指长江许多支流汇集入海。古有“江分九派”的说法。

“云横九派”取自 “云横九派黄鹤”，描写长江支流汇集汉江时，云水苍茫，烟波浩瀚的气势。

阁楼南面是“南维高拱”，南维：指南方星宿；高拱：意为黄鹤楼面对南方群星璀璨，居高临下，犹如磐石一样安稳。

下面入门匾额为“势连衡月”，黄鹤楼气势雄伟，仿佛与千里之外的南岳连成一气，构成一幅“拔地向天，耸翠如屏”的气势。

东面原为“远举云中”，后改为“楚天极目”四字，这四个字源于“万里长江横渡，极目楚天舒”。意为登上黄鹤楼，祖国的大好河山尽在眼前。

底下门匾为“廉卷乾坤”，古代指天地、阴阳的两个对立面，今泛指宇宙。这里用的是比拟，意为黄鹤楼以外开阔的大自然，全被卷入眼底。寓意深远，令人神驰。

楹联为：

龟伏蛇盘，对唱大江东去也；
天高地阔，且看黄鹤再来兮。

意思为龟山伏在地上，蛇山盘成一个长形，它们隔水相望，好像高兴地唱着大江东去的歌；晴天高朗，大地开阔，看见黄鹤楼归来，好像老友重逢，心里感到无比的喜悦。

黄鹤楼壁画

黄鹤楼主楼为攒尖楼顶，金色琉璃瓦屋面。全楼各层布置有大型壁画、楹联、文物等，楼外铸铜黄鹤造型、胜像宝塔、牌坊、轩廊、亭阁等一批辅助建筑，将主楼烘托得更加壮丽。

黄鹤楼四楼大厅内景

黄鹤楼外观为五层建筑，里面实际上是九层。我国古代称单数为阳数，双数为阴数。“9”为阳数之首，与汉字“长久”的“久”同音，有天长地久的意思,所谓“九五至尊”，黄鹤楼这些数字特征，也表现出其影响之不同凡响。

黄鹤楼主楼的五层结构依次为：

一层为大厅，有著名的《白云黄鹤图》，图上有仙人乘黄鹤离去的飘然景象。

二楼主要介绍黄鹤楼的历史，有题写于壁上的《黄鹤楼记》。

三楼大厅内是一组陶板瓷画，题名为《文人荟萃》，再现了历代文人墨客来黄鹤楼吟诗作赋的情景，最有名的是崔颢的《黄鹤楼》。

四楼是文化活动场所，陈列了后来书画家游览黄鹤楼的即兴之作。

五楼大厅内是一组题为《江天浩瀚》的组画，面积达99平方米，由十幅重彩壁画组成。

登顶五楼，武汉三镇尽收眼底，长江浩瀚美丽，长江大桥将武昌和汉阳相连，屹立在对岸龟山上的龟山电视塔，整个城市的高大建筑和风景都展现在眼前。与之交相辉映的白云阁，坐落在蛇山之巅，共4层，高29.7米。前楼后阁构成“白云黄鹤”，成为武汉的标志物。

此外，除了这座黄鹤楼主楼，在后来建成的黄鹤楼景区内，还有“鹅”碑亭、诗词碑廊、黄鹤归来铜雕、《九九归鹤图》浮雕和千禧吉祥钟等建筑。

“鹅”碑亭在黄鹤楼以东245米处，有清代流传下来在武昌蛇山黄鹄矶的一笔草成的“鹅”字刻石一方。传说，书圣王羲之在黄鹤楼下养过鹅群，有一次情不自禁写下此字。后来，人们将依拓本重新制作的鹅字碑立于形如弯月的鹅池东端，在碑的北侧建一石拱桥，并以碑作亭壁，建六角亭，亭以碑名。

《九九归鹤图》浮雕在黄鹤楼东南240米处，位于景区白龙池边，是国内最大的室外花岗岩浮雕。整

铜雕 产生于商周，是以铜料为胚，运用雕刻、铸塑等手法制作的一种雕塑。铜雕艺术主要表现了造型、质感、纹饰的美，多用于表现神秘有威慑力的宗教题材。铜雕的制作一般都要经过金属冶炼、锻造、雕刻、镀金、磨光、上红等几个重要的工序。工序比较复杂，工艺也十分考究。

■ 黄鹤楼《九九归鹤图》浮雕

黄鹤龟（归）来雕塑

个雕塑呈红色，99只仙鹤呈现种种不同的舞姿。浮雕依蛇山山势呈不等距“Z”形，全长38.4米，高4.8米，云蒸霞蔚，日月同辉，江流不息，生机盎然。

词诗碑廊位于黄鹤楼东南210米，环绕景区鹅池四周，碑刻内容为国内书画名家书写的历代名人吟咏黄鹤楼的诗词名句。碑墙上共嵌有石碑124通，根据真迹描摹镌刻。

黄鹤归来铜雕位于黄鹤楼以西50米的正面台阶前裸露的岸石上，由龟、蛇、鹤三种吉祥动物组成。龟、蛇驮着双鹤奋力向上，黄鹤脚踏龟、蛇俯瞰人间。该铜雕重3.8吨，系纯黄铜铸成。

这些特别的建筑和黄鹤楼主楼连成一体，将黄鹤楼景区打造得更加完美、动人。

阅读链接

1957年，我国在建长江大桥武昌引桥时，占用了黄鹤楼旧址，1981年重建黄鹤楼时，选址在距旧址约1千米的蛇山峰岭上。武汉是“百湖之市”，如果把长江、汉水、东湖、南湖以及星罗棋布的湖看成是连绵水域的话，城市陆地则是点缀在水面上的浮岛，武汉就是一座漂浮在水上的城市。

在这个壮阔的水面上，有一条中脊显得格外突出。从西向东，依次分布着梅子山、龟山、蛇山、洪山、珞珈山、磨山、喻家山等，这一连串的山脊宛如巨龙卧波，武汉城区第一峰喻家山是龙头，在月湖里躺着的梅子山则是龙尾。

这是武汉的地理龙脉。黄鹤楼恰好位于巨龙的腰上。骑龙在天，乘势而为，黄鹤楼的这种选址似乎透露出某种玄机。

滕王阁

滕王阁，素有“西江第一楼”之誉。雄踞江西南昌抚河北大道，坐落于赣江与抚河故道交汇处。

滕王阁建于653年，因唐太宗之弟李元婴始建而得名，因初唐诗人王勃诗句“落霞与孤鹜齐飞，秋水共长天一色”而流芳后世。

滕王阁被古人誉为“水笔”，在世人心目中占据着神圣地位，历朝历代备受重视。滕王阁也是古代储藏经史典籍的地方，从某种意义上来说，它是我国古代的图书馆。

唐高祖后代始建最早楼阁

唐朝的开国皇帝唐高祖李渊，有一个儿子名叫李元婴，当他长大成人以后，他的哥哥李世民当上了唐朝的皇帝。

639年，李世民把这位弟弟封为滕王，并封邑他到山东为官。李元

滕王阁正楼

■滕王阁风光

婴从小出生在帝王之家，脾气非常不好，他在山东当了10多年官以后，当地的老百姓非常不喜欢他，对他的意见很大。

这时，李元婴的哥哥李世民已经去世了，李世民的儿子李治继承了皇位，当他听说山东百姓对自己的这位叔叔不满以后，他便把李元婴派到了苏州担任刺史，后来，又把李元婴调到洪州担任都督。

当时的洪州便是后来的江西南昌，那是比较偏僻的荒蛮之地，是安置递降官员之所在。李元婴从小受到宫廷生活熏陶，能书擅画，而且喜爱音乐、戏曲、舞蹈。为此，当他从苏州来到洪州时，他没有忘记带来一班歌舞乐伎。

但是，当时洪州城里没有一个合适的场所供他玩乐，他便只好在都督府里盛宴歌舞。可是，在自己的都督府内歌舞毕竟有许多美中不足之处。为此，这位滕王在空闲之时，便会定期到郊外山林中打猎取乐。

封邑 是我国古代君主对臣下的一种物质奖励。封就是分封，邑就是城市。就是说君主把自己国土中的一部分的财政收入奖励给某一个人。封邑是一种权贵的象征，被封邑的人可以在封邑范围内自由制定一些不违背国家利益的政策。

■滕王阁一角

有一次，他逐猎到了赣江东岸的南浦，即今南昌城西南的广润门外，章江至此分流。在这里，李元婴见西山横翠，南浦云飞，碧水如练，江上帆影绰绰，鸥鹭翔集，一派江南美景，不禁流连忘返。

后来，李元婴干脆带自己的僚属和歌舞伎，来到章江门外的冈峦之上，摆开宴席，既眺望美景，又欣赏歌舞。

可是，城外的丘冈之上，遍地乱石杂草，歌舞伎们难以施展技艺。

这时，李元婴的一个手下便对滕王建议说："都督，你既然这么喜欢听歌赏舞，何不在江边筑一高阁，这样既可以饱览江山之秀，又可以享歌舞之乐，何乐而不为呢？"

李元婴听了之后，觉得这个意见非常好，于是就采纳了。李元婴便以亲王的权力和财力，命人在数月的时间里，在江边的丘冈之上，修建了一座雄伟的楼阁。这一年是652年。

这座楼阁修成后，李元婴便常常在此饮酒赋诗，歌舞作乐。当然，这位滕王自己万万没有想到，他的建阁之举，竟然为后来的江西南昌留下了一笔宝贵的

章江 章水，即赣江、赣水，为赣江的古称，我国的章江一称被看作是赣江的支流，与赣江的另一支流在赣州城下汇合成赣江，章江水系共有大小河流1298条，主要支流为章水和上犹江。章水发源于崇义聂都山，流经大余、南康等地，流程176.85千米。

文化遗产，对南北文化交流以及江南歌舞的发展和繁荣起到了重要的作用。

此楼阁建成后，因为李元婴又被称为滕王，为此，洪州官员便以滕王的封号冠以阁名，所以称为“滕王阁”。

这座楼阁在后来的日子里，几经兴废，唐代初建时的样子已经再也看不见了，后来重建的楼阁主体建筑净高57.5米，建筑面积13000平方米。其下部为象征古城墙的12米高台座，分为两级。

台座以上的主阁是根据“明三暗七”的形式而建造的，为此，人们在外面只看得到3层，而里面却有7层，3层明层，3层暗层，再加1层设备层。

楼阁的瓦件全部采用宜兴产碧色琉璃瓦，因唐宋多用此色。正脊鸱吻为仿宋特制，高达3.5米。勾头、滴水均特制瓦当，勾头为“滕阁秋风”4字，而滴水

鸱吻 是龙生九子之一，平生好吞，即殿脊的兽头之形。这个装饰一直沿用下来，在古建中，“五脊六兽”只有官家才能拥有。泥土烧制而成的小兽，被请到皇宫、庙宇和达官贵族的屋顶上，俯视人间，真有点“平步青云”和“一人得道，鸡犬升天”的意味。

滕王阁旁的亭阁

■滕王阁旁的铜狮

为“孤鹜”图案。

台座之下，有南北相通的两个瓢形人工湖，北湖之上建有九曲风雨桥。楼阁云影，倒映池中，盎然成趣。

循南、北两道石级登临一级高台。一级高台，踏步为花岗石打凿而成，墙体外贴江西星子地区产的金星青石。一级高台的南、北两翼，有碧瓦长廊。

长廊北端为四角重檐“挹翠”亭，长廊南端为四角重檐“压江”亭。

从正面看，南、北两亭与主阁组成一个倚天耸立的“山”字；而从天上向下俯瞰，滕王阁则有如一只平展两翅、意欲凌波西飞的巨大鲲鹏。

李元婴兴建滕王阁后，他又建造了一艘青雀舸，并常常率领僚属狎客乘青雀舸游弋江中，漫步洲渚。当他见到洲上五彩缤纷上下翻飞的蝴蝶时，不禁欣喜若狂。

李元婴本来工书擅画，再经过师法自然，李元婴的画技愈发长进，所画蝴蝶分“大海眼”“小海眼”“江夏斑”“村里来”“菜子花”等。

其蝶、花莫不栩栩如生，终于渐成自家体系，他画过许多蝴蝶图，最有名的一幅是《百蝶图》，并从此在画坛留下了“滕派蝶画”的美名。有诗道：

磨漆画 主要是以漆作颜料，运用漆器的工艺技法，经逐层描绘和研磨而制作出来的画。磨漆画在借鉴传统漆器技法的基础上，融入现代绘画艺术手法，将“画”和“磨”有机地结合起来，使制作出来的画具有色调明朗、深沉，立体感强，表面平滑光亮等特点。

腾王蛱蝶江都马，一纸千金不当价。

据说，当年，滕王在自己的楼阁里，还挂有一幅磨漆画《百蝶百花图》。为此，后人为了纪念喜好艺术的李元婴，在后来重建的滕王阁内，也制作了一幅磨漆画《百蝶百花图》。

这幅蝶画制作考究，工艺精湛。它以三合板为底，贴金箔为底色，用细铜丝勾勒蝴蝶的线条，将贝壳碾成粉末，敷成蝴蝶翅膀，花瓣儿用蛋壳拼成。

这幅作品风格独具一格，自成一派，是艺术林苑的一枝奇葩。其材取于自然，无一丝做作之笔，完全是手工剪切粘贴而成，任何一部分都是举世无双的，具有很高的欣赏价值。

另外，因为滕王李元婴初建此楼阁的目的是饮酒

贴金 一种古老的技艺，是中华民族民间传统工艺的瑰宝，5000多年前新石器时代中的青铜器上就出现了用黄金薄片的贴饰，到了3000多年前的商代，我国贴金技术日臻成熟，且广泛用于皇宫贵族或佛像寺庙的贴饰，以表现其富丽堂皇或尊贵庄重。

南昌滕王阁建筑

唐三彩 是一种盛行于唐代的陶器，以黄、褐、绿为基本釉色，后来人们习惯地把这类陶器称为“唐三彩”。唐三彩吸取了我国国画、雕塑等工艺美术的特点，采用堆贴、刻画等形式的装饰图案，线条粗犷有力。它以造型生动逼真、色泽艳丽和富有生活气息而著称。

赋诗，歌舞作乐，为此，后人们在重建的滕王阁内，还分别绘有唐代歌舞伎《唐伎乐图》浮雕和唐三彩壁画《大唐舞乐》等。

其中，唐三彩壁画在滕王阁的最高一层的大厅内南、北、东三面的墙上。

南面为“龙墙”，以男性歌舞乐伎为主，画面以《破阵乐舞》为大框架。据《新唐书·礼乐志》记载：唐太宗李世民为秦王时，征伐四方，破叛将刘武周，军中遂有《秦王破阵乐舞》之曲流传，歌颂其功德。李世民即位后，亲制《破阵乐舞》，其舞形及音乐“发扬蹈厉，声韵慷慨”。

在重建的滕王阁内，壁画中舞蹈者披甲执戟，作战武士打扮，具有浓厚的战斗气息和粗犷雄伟气势。

《破阵乐舞》的队列当中，有两组舞蹈的表演

■滕王阁壁画《大唐舞乐》

■滕王阁全貌

者。右边，两名胡人表演以跳跃动作为主的《胡腾舞》，这种舞蹈为唐代西北少数民族舞蹈，出自石国，也就是唐属安西大都护府管辖，即后来的乌兹别克塔什干一带。舞蹈者头戴珠帽，穿长衫，腰系宽带，足登黑色软靴，有诗道：

扬眉动目踏花毡，红汗交流珠帽偏。

在队列左边，两名舞者执剑跳起，表演的是《剑器舞》。唐代著名舞蹈艺人公孙大娘善舞剑器，诗人杜甫在《观公孙大娘弟子舞剑器行》中描绘道：

霍如羿射九日落，矫如群帝骖龙翔。来如雷霆收震怒，罢如江海凝清光。

戟 是一种我国独有的古代兵器。实际上戟是戈和矛的合成体，既有直刃，又有横刃，呈“十”字或“卜”字形，因此戟具有钩、啄、刺、割等多种用途，其杀伤能力胜过戈和矛。戟在商代即已出现，西周时也有用于作战的，但是不普遍。到了春秋时期，戟已成为常用兵器之一。

节度使 是我国从唐代开始设立的地方军政长官。因受职之时，朝廷赐以旌节而得名。“节度”一词出现甚早，意为节制调度。唐代节度使渊源于魏晋以来的持节都督。北周及隋改称总管。唐代称都督。贞观以后，又设置行军元帅或行军大总管统领诸总管。

画面中后部，舞者身披狮皮表演《五方狮子舞》。五名舞者装扮成五头不同颜色的狮子，各立一方，表演狮子“俯、仰、驯、狎”等各种情态，有两人扮成“昆仑像”，就是戏狮的人，牵着绳，拿着拂尘彩球逗弄狮子，场面雄伟壮观。

这幅画与前面的《破阵乐舞》队形有机地联系在一起。画面后部是乐台上下的伴奏乐伎。

大厅北面为“凤墙”，以女性歌舞乐伎为主，画面以唐代著名宫廷乐舞《霓裳羽衣舞》为主体。

传说，唐朝的第六位皇帝唐玄宗曾听得月宫仙乐，玄宗默记下一半，后西凉节度使杨敬述献上《婆罗门曲》，与玄宗记下的仙乐相符，玄宗将此曲润色并重新填写歌词，改名《霓裳羽衣曲》。其音乐、舞蹈和服饰都着力描绘虚无缥缈的仙境和仙女形象。

据说，唐代诗人白居易欣赏完滕王阁内的《霓裳羽衣舞》壁画后，在诗中描绘，其服饰:

■滕王阁牌匾

案前舞者颜如玉，不著人间俗衣服。

虹裳霞帔步摇冠，细璎累累佩珊珊。

其舞姿：

飘然转旋回雪轻，嫣然纵送游龙惊。

小垂手后柳无力，斜曳裾时云欲生。

在《霓裳羽衣舞》的左边，两名女童踩莲对舞，表演的是《柘枝舞》。此舞为唐代西北少数民族舞蹈。

《柘枝舞》画面的中后部，两名舞伎在圆形地毯上快速轻盈地旋转，表演的是《胡旋舞》，此亦是唐代西北少数民族舞蹈，出自康国，唐代属安西大都护府管辖。其舞姿动作轻盈，急速旋转，节奏鲜明，主要以鼓伴奏。

《胡旋舞》的画面后部是伴奏乐伎。整个舞蹈场面设置在满塘春

滕王阁宫灯

水、绿荷粉芙蓉的水榭之上，旁有两只仙鹤，一左一右，上下翩飞，烘托了轻歌曼舞、飘飘欲仙的气氛。

除了这幅大型的唐三彩壁画，在后来修建的滕王阁内，还有一幅长2.65米、宽1.85米的大型铜浮雕《唐伎乐图》，它位于滕王阁三层西大厅的东墙上，画面着力塑造了三位唐代舞伎，表演的是《霓裳羽衣舞》。

三名舞伎周围，分别雕刻有马术、摔跤、斗牛、横吹等一系列民间游艺竞技场面以及星相等，两侧是操持各种乐器奏乐的艺人，整个画面体现了唐代国富民强、盛世升平之景象。

阅读链接

在我国，不仅南昌有一座滕王阁，在四川的阆中地区，也有一座滕王阁，而这座滕王阁的始建人也是滕王李元婴。

原来，当年在李元婴修成南昌滕王阁的27年后，唐高宗李治又把李元婴调到四川阆中地区接任其兄鲁王灵夔出任刺史。

李元婴一到阆中，就以“衙役卑陋”为名，在阆中修建宫殿和高楼，又在阆中玉台山建玉台观和滕王亭，供自己游乐。这样一来，在我国的土地上，便出现两个滕王阁。

王勃为楼阁作千古名序

761年，唐代诗人王勃从山西老家出发，万里迢迢去看望因他而被贬官的父亲，当他坐船来到了江西与安徽交界的马当山时，突然遇上风浪，不得前行，只能靠岸。

滕王阁院内的王勃塑像

于是，王勃就到马当山庙里观赏里面的佛像，当他赏玩够了，正想回到船上时，突然看见一位头发花白的老人坐在岸边的一块巨石上。

王勃刚想走上前去与老人打招呼，老人问他："来的是王勃吗？"

王勃非常惊讶对方居然认识自己，便说："正是，不知老人家怎么认识我？"

■滕王阁牌匾

那老人说："明天是九九重阳节，滕王阁上有聚会，如果你能前往赴宴，并且作一文章，定能够永垂不朽。"

王勃笑着说："老先生您有所不知，这里离洪都的滕王阁有六七百里远，我在明天根本就不可能赶得到啊！"

老者对王勃神秘地一笑，便接着说："只要你愿意去，老朽我愿意助你一阵清风，让你明天早上就能到达洪都，你看如何？"

王勃不禁疑惑地看了看老者，问："拜问老先生，您是神，还是仙？"

老者笑笑不说话，只是轻轻地把王勃一推，王勃便被老者推上了船。

王勃一上船，那船便自己向前驶去，却听见那老者在王勃的后面说："吾即中源水君，适来山上之庙，便是我的香火……"

等王勃再向岸边望去时，岸上的老者已经不在了。王勃进入船舱休息了一夜，等他第二天一早醒来时，发现自己已经来到了洪州的滕王阁旁的江边。

原来，此前，由滕王李元婴主持兴建的那座滕王阁早已破败不堪，于是洪州现任的都督阎伯屿便自己出钱请来工匠维修了这座楼阁。楼阁维修完成后，为

重阳节 为农历九月初九。《易经》中把"九"定为阳数，九月初九，两九相重，故而叫重阳，也叫重九。重阳节早在战国时期就已经形成，到了唐代，重阳被正式定为民间的节日，此后历朝历代一直沿袭。重阳这天，所有亲人都要一起登高"避灾"，插茱萸、赏菊花。

了让大家看到自己的修筑功劳，阎伯屿都督便在重阳节这天，请来了各界有名的才子，让大家为这座楼阁作记。

这天，等各位才子都就座了，阎伯屿便对他们说："大家都知道，这滕王阁是洪都的一大绝景，在座的各位，如果能为滕王阁作一篇记，那就是再好不过的事情了。"

其实，这阎伯屿早就叫他的女婿吴子章提前写好序文，所以在座各位都假装写不出来，想推让吴子章，好让阎伯屿翁婿名利双收。

可是，由于王勃是刚到这里的，他不了解这其中的内情，接过笔就立即写了起来。

这个时候，阎伯屿自然就不高兴了，他悄悄地退回到屏风的后面，让一个仆人向自己报告王勃所写的序文。

屏风 是古时建筑物内部挡风用的一种家具。屏风作为传统家具的重要组成部分，历史由来已久。屏风一般陈设于室内的显著位置，起到分隔、美化、挡风、协调等作用。它与古典家具相互辉映，相得益彰，浑然一体，成为家居装饰不可分割的整体，而呈现出一种和谐之美、宁静之美。

滕王阁模型

郡 我国古代的行政区划单位之一。始见于战国时期。秦统一天下设三十六郡，后汉起，郡成为州的下级行政单位，介于州刺史部和县之间。隋朝废郡制，以县直隶于州。唐朝道、州、县，武则天时曾改州为郡。明清称府。

一会儿，仆人向阎伯屿悄声说：“豫章故郡，洪都新府……”

阎伯屿一听，说：“这是老生常谈，谁人不会！”

一会儿，仆人又来报：“星分翼轸，地接衡庐……”

听到这里，阎伯屿便不说话了。

接着，仆人又进来说：“物华天宝，龙光射牛斗之墟；人杰地灵，徐孺下陈蕃之塌……”

阎伯屿笑道：“这个人把我当作知音。”

后来，仆人又一次进来说：“落霞与孤鹜齐飞，秋水共长天一色……”

阎伯屿听到这里，顿时眉开眼笑，大声叫好，

■滕王阁宝鼎

■滕王阁侧影

说："这个人下笔如有神助，真是天才啊！"

一根香的工夫过去后，王勃终于完成了著名的《滕王阁序》。

阎伯屿接过王勃作的《滕王阁序》，高兴得合不上嘴了，立即邀王勃喝酒。此时，这位阎都督早已经忘记了自己女婿的序文，趁着酒兴，阎伯屿对王勃说："这滕王阁，有了你的好文章，一定能够流传千古，我赏你千金。"

后来，阎伯屿果然赏给了王勃千两金子。

不仅如此，在王勃离开都督府前，他又在自己的《滕王阁序》后面作了一首诗：

滕王高阁临江渚，佩玉鸣鸾罢歌舞。
画栋朝飞南浦云，珠帘暮卷西山雨。

王勃 （650～676），唐代诗人。汉族，字子安。绛州龙门人。王勃与杨炯、卢照邻、骆宾王齐名，并称"初唐四杰"，其中王勃是"初唐四杰"之冠。

仰望滕王阁

闲云潭影日悠悠，物换星移几度秋。
阁中帝子今何在？槛外长江空自流。

从这一天起，阎伯屿新修的滕王阁便因为王勃为楼阁作的序和诗而越来越出名了，而王勃本人的序和诗呢，也因为滕王阁而闻名。

到后来，因为王勃作的这个《滕王阁序》，还让滕王阁成为我国三大名楼中最早名扬天下的楼阁，因此，此楼又被誉为“江南三大名楼”之首。可以说，滕王阁之所以能够闻名，这与王勃为它作的《滕王阁序》是分不开的。

正是因为如此，人们在后来建成的滕王阁一层大厅中，便特意制作了一幅名为《时来风送滕王阁》的汉白玉浮雕，上面描述的就是当年王勃作序的故事。

浮雕主体部分，王勃昂首立于船头，周围波翻浪

汉白玉 是一种名贵的建筑材料，它洁白无瑕，质地坚实而又细腻，非常容易雕刻，古往今来的名贵建筑多采用它做原料。据传，我国从汉代起就用这种宛若美玉的材料修筑宫殿，装饰庙宇，雕刻佛像，点缀堂室。因为是从汉代开始用这种洁白无瑕的美玉来做建筑材料的，所以也就顺口说成了汉白玉。

涌，表现王勃藉神力日趋700里赶赴洪都的英姿。画面右部为王勃被风浪所阻，幸得中源水君相助的情景。左部为王勃赴滕王阁宴会，挥毫作序的场景。

整个构图采用时空合成的现代观念，将不同时间、地点、人物、故事融合在同一个画面，以传统雕塑手法，并通过朦胧灯光的处理，将人们带入幽远迷人的意境中。

在这幅浮雕的右部下方，还有几只飞翔的海鸥，这些鸟名叫“王勃”。王勃后来是溺水死的，据说从那之后，这些鸟每天就在这赣江之上飞来飞去，好像在寻找王勃的踪影。

不仅如此，人们为了纪念王勃所作的《滕王阁序》，还专门在后来建成的滕王阁第五层中厅的正中屏壁上，镶置了一块近10平方米、用黄铜板制作的《滕王阁序》碑，上面的碑文乃是北宋书法家苏东坡亲自手书，后人经复印后放大，由工匠手工镌刻而成。这《滕王阁

滕王阁题词

序》的全文为：

豫章故郡，洪都新府。星分翼轸，地接衡庐。襟三江而带五湖，控蛮荆而引瓯越。物华天宝，龙光射牛斗之墟；人杰地灵，徐孺下陈蕃之榻。雄州雾列，俊采星驰，台隍枕夷夏之交，宾主尽东南之美。都督阎公之雅望，棨戟遥临；宇文新州之懿范，襜帷暂驻。

十旬休假，胜友如云；千里逢迎，高朋满座。腾蛟起凤，孟学士之词宗；紫电青霜，王将军之武库。家君作宰，路出名区；童子何知，躬逢胜饯。

时维九月，序属三秋。潦水尽而寒潭清，烟光凝而暮山紫。俨骖騑于上路，访风景于崇阿。临帝子之长洲，得仙人之旧馆。层峦耸翠，上出重霄；飞阁流丹，下临无地。

鹤汀凫渚，穷岛屿之萦回；桂殿兰宫，即冈峦之体势。披绣闼，俯雕甍，山原旷其盈视，川泽行其骇瞩。闾阎扑地，钟鸣鼎食之家；舸舰弥津，青雀黄龙之舳。虹销雨霁，

滕王阁壁刻

彩彻区明。落霞与孤鹜齐飞，秋水共长天一色。渔舟唱晚，响穷彭蠡之滨；雁阵惊寒，声断衡阳之浦。

壮观的滕王阁

遥襟甫畅，逸兴遄飞。爽籁发而清风生，纤歌凝而白云遏。睢园绿竹，气凌彭泽之樽；邺水朱华，光照临川之笔。四美具，二难并。穷睇眄于中天，极娱游于暇日。

天高地迥，觉宇宙之无穷；兴尽悲来，识盈虚之有数。望长安于日下，目吴会于云间。地势极而南溟深，天柱高而北辰远。关山难越，谁悲失路之人？萍水相逢，尽是他乡之客。怀帝阍而不见，奉宣室以何年？

嗟乎！时运不齐，命运多舛。冯唐易老，李广难封。屈贾谊于长沙，非无圣主；窜梁鸿于海曲，岂乏明时。所赖君子见机，达人知命。老当益壮，宁移白首之心？穷且益坚，不坠青云之志。酌贪泉而觉爽，处涸辙以犹欢。北海虽赊，扶摇可接；东隅已逝，桑榆非晚。孟尝高洁，空怀报国之心；阮籍猖狂，岂效穷途之哭！

勃，三尺微命，一介书生。无路请缨，等终军之弱冠；有怀投笔，慕宗悫之长风。舍簪笏于百龄，奉晨昏于万里。非谢家之宝树，接孟氏之芳邻。他日趋庭，叨陪鲤对；今兹捧袂，喜托龙门。杨意不逢，抚凌云而自惜；钟期既遇，奏流水以何惭？呜呼！胜地不常，盛筵难再。兰亭已矣，梓泽丘墟。临别赠言，幸承恩于伟饯；登高作赋，是所望于群公。敢竭鄙怀，恭疏短引。一言均赋，四韵俱成。请洒潘江，各倾陆海云尔！

这篇长800多字的序文，字字珠玑、句句生辉、章章华彩，在这《滕王阁序》中，最著名的两句是“落霞与孤鹜齐飞，秋水共长天一色”。这著名的句子后来被人们刻写在重建的滕王阁主阁正门两边，成为一副巨大的对联。

每当暮秋之后，鄱阳湖区就有成千上万只候鸟飞临，构成一幅活生生的“落霞与孤鹜齐飞，秋水共长天一色”图，成为滕王阁的一大胜景。

阅读链接

当年，王勃写完序以后，又立即写了诗：闲云潭影日悠悠，物转星移几度秋。阁中帝子今何在？槛外长江……自流。

不过，王勃在此诗的最后一句空了一个字未写，而是将序文和诗呈上就走了。

在座的人看到这里，有人猜是“水”字，有人猜是“独”字，阎伯屿都觉得不对，便立即派人追回王勃，请他补上。

仆人赶到驿馆，王勃的随从对来人说：“我家主人吩咐了，一字千金，不能再随便写了。”

阎伯屿知道后，又派人包了千两银子，亲自率文人们拜见王勃。王勃接过银子后，故作惊讶地问道：“我不是把字都写全了吗？”

大家都说：“那不是个‘空’字吗？”

王勃说：“对呀！就是‘空’字呀！”

“是‘槛外长江空自流’嘛！” 众人恍然大悟。

第二十九次重建后楼阁新貌

滕王阁自唐代修成后，经历了千余载的历史，历经宋、元、明、清4朝，滕王阁历次兴废，先后修葺达28次之多，唐代5次、宋代1次、元代2次、明代7次、清代13次，建筑规制也多有变化。

后来在南昌重建滕王阁委员会的组织下，这座楼阁的第二十九次重建终于拉开了序幕。重建的滕王阁负城临江，傍依南浦，遥对西

滕王阁牌

滕王阁牌匾

梁枋 房子的木结构。其中，梁在木结构屋架中专指顺着前后方向架在柱子上的长木，枋指两柱之间起联系作用的方柱形木材。也是支撑房屋顶部主要构件的统称。

拱眼壁 古建筑的房檐下斗拱和斗拱之间的部分，用古建筑行业的术语来说，叫作“拱眼壁”。拱眼壁上可作彩画。宋《营造法式》规定斗拱及拱眼壁上全都绘花卉，绘其他的很少见，绘饕餮纹的在建筑上不多见，如蓟县白塔拱眼壁绘有饕餮纹而拱子无雕饰，两塔可以互相印证。

山，使人联想到王勃《滕王阁序》中所描绘的意境。

其主阁，是根据遗留下来的《重建滕王阁计划草图》，参照“天籁阁”旧藏宋人彩画《滕王阁》以及宋代《营造法式》一书，重新设计的一项大型仿宋式古建筑。

占地4.7平方千米，阁身净高57.5米，建筑面积9400平方米；取“明三暗七”格局，基座象征古城墙，碧色琉璃瓦顶，彩画斗拱梁柱，具有唐代“层台耸翠，上出云霄；飞阁流丹，下临无地”的宏伟壮观的气势和风格。

滕王阁主体下部为象征古城墙的高台阁座，高12米，分为两级。一级高台的南、北两翼，有碧瓦长廊。长廊北端为四角重檐“挹翠”亭，长廊南端为四角重檐“压江”亭。

在一级高台的上面，便是象征城墙的台座的二级高台。这两级高台共有89级台阶。二级高台的墙体及地坪，均为江西峡江所产花岗石。高台的四周，为按宋代式样打凿而成的花岗石栏杆，古朴厚重，与瑰丽的主阁形成鲜明的对比。

二级高台与石做须弥座垫托的主阁浑然一体。由高台登阁有3处入口，正东登石级经抱厦入阁，南、北两面则由高低廊入阁。

其中，正东抱厦前，有青铜铸造的“八怪”宝鼎，鼎座用汉白玉打制，鼎高2.5米左右，下部为三足古鼎，上部是一座攒尖宝顶圆亭式鼎盖。此鼎乃仿北京大钟寺“八怪”鼎而造。此鼎之设，寓有金石永固之意。

滕王阁的主阁色彩，绚烂而华丽。其梁枋彩画采用宋式彩画中的“碾玉装”为主调，辅以“五彩遍装”及“解绿结华装”。室内外斗拱用“解绿结华装”，突出大红基调，拱眼壁也按此色调绘制，底色用奶黄色。

室内外所有梁枋各明间用“碾玉装”，各次间用“五彩遍装”，天花板每层图案各异，支条深绿色，大红井口线，“十”字口栀子花。椽子、望板均为大红色，柱子油朱红色，门窗为红木家具色。室外平坐栏杆油古铜色。

滕王阁全景图

主阁一层檐下有四块横匾，正东为“瑰伟绝特”九龙匾，内容选自韩愈的《新修滕王阁记》；正西为“下临无地”巨匾；南北的高低廊檐下分别为“襟江”“带湖”二匾。内容

■滕王阁全景图

均选自王勃的《滕王阁序》，以上四匾均是生漆为底贴金匾额。

由东抱厦的正门入阁，门前红柱上悬挂着一副4.5米长的楹联：

落霞与孤鹜齐飞，
秋水共长天一色。

在第一层的大厅内，便是那幅《时来风送滕王阁》汉白玉浮雕。

一楼西厅是阁中最大厅堂，西梁枋正中挂有 “西江第一楼”金匾。此厅陈放了一座滕王阁铜制模型，又叫“阁中阁”。它是按1：25的比例制作。台座乃是采用桂林白矾石打制。厅内丹柱上悬挂有多副出自名家手笔的楹联。

主阁的第二层是一个暗层，采光和通风均靠人工解决。此层的陈设，体现的是“人杰”的主题。正厅的墙壁上，是大型壁画《人杰图》，画高2.55米，长20多米。

画面上生动地描绘了自先秦至明末的江西历代名人，这些人虽然时代不同、服饰不同、地位不同、年龄不同、职业不同、素质不同、性格不同，但是和谐统一在同一的画面之中。

这是一幅由江西历史上众多名杰组成的辉煌长卷，展示了伟大华夏民族之雄风。画面人物造型生动，格调雅逸，线条组织富有韵味。

在这一层的正厅两侧，设有贵宾接待室和小会议室，进入西厅门楣上，横挂“俊彩星驰”金匾，与《人杰图》浑然一体。

主阁的第三层是一个回廊四绕的明层，也是阁中一个重要层次。在廊檐下有四幅巨型金字匾额，规格都是长4.5米、宽1.5米。东匾上写着“江山入座”，西匾上写着“水天空霁”，南匾上写着“栋宿浦云”，北匾上写着“朝来爽气”。

这些匾额内容是清顺治蔡士英重修滕王阁所拟。

这一层的东厅两侧陈列有“銮驾”礼器，取材于“戟”“帷”等古仪仗，有朝天镫、月牙戟、判官手、仪仗扇、龙凤屏、金爪等。

面北耳厅陈列以“物华天宝”著称的江西工艺展品，北耳厅为一茶座，是阁中品茗、小憩之地。

此外，在这一层的中厅处，还有一幅长5.5米、宽2.8米的壁画屏壁，这幅壁画的主要内容是《临川梦》，取材于明代戏剧家汤显祖在滕王阁排演《牡丹

仪仗扇 是我国古代帝王出巡时遮阳蔽日、纳凉去暑的物品。它作为我国封建王朝统治的产物，其使用可追溯到战国、两汉之际。随着封建中央集权的不断加强，仪仗扇在唐代得到了进一步的完善和发展。较前朝而言，其种类较为丰富，政治功用的特征也愈加明显。

■滕王阁牌匾

弋阳圭峰 位于江西弋阳城区西南部，总面积136平方千米。圭峰，集自然之精华，纳人文风采，聚天下名山之雄、奇、秀为一体，融5000年历史、宗教、养生、民俗文化于一炉，是一处不可多见的人间胜境、一个魅力无穷的旅游区，使历代名人接踵而来。

亭》的故事。

《牡丹亭》剧本写成于1598年，第二年，汤显祖首次在滕王阁上排演了这出戏，开创了滕王阁上演戏曲之先河。滕王阁由此而从一座歌舞楼台逐渐演变成戏曲舞台。

画面以灰蓝色为基调，采用装饰手法，刻画戏剧人物，体现神灵感梦的故事情节，通过梦幻来体现汤公对黑暗现实的抨击，对理想社会的憧憬，表现出强烈的爱憎。

第三层的西大厅为“古宴厅”，西边梁枋挂一金匾，上书“临江一阁独秀”。东墙上是一幅《唐伎乐图》铜浮雕。

主阁的第四层与第二层建筑是相似的，也是一个暗层。此层主要体现“地灵”的主题。正厅的墙壁上，

■滕王阁远景

是壁现《地灵图》，集中反映了江西名山大川自然景观之精华。

画面从南往北依次是大庾岭梅关、弋阳圭峰、上饶三清山、鹰潭龙虎山、井冈山、庐山、鄱阳湖、石钟山等。画面严谨，功力深厚，充分表现了江西“钟灵毓秀”的壮丽山川。

在此层西厅的门楣上方悬挂着一块写有“雄峙”字样的金匾，西厅则为“滕王阁竹刻楹联堂”。

主阁的第五层与第三层相似，也是一个回廊四绕的明层，是登高览胜、披襟抒怀、以文会友的最佳处。廊檐下四块金匾，内容出自《滕王阁序》。正东为“东引瓯越”，南为“南溟迴深”，西为“西控蛮荆”，北为“北辰高远”。

在这一层的东厅中央，陈列着滕王阁规划全景模型。西墙上镶嵌着两幅大型陶瓷壁画，规格都是长2.6米、宽2米。这两幅画，一幅名为《吹箫引凤图》，取材于东汉刘向所作《神仙传》。

传说，在春秋时，有个名叫萧史的人，擅长吹箫，秦穆公之女弄

壮观的滕王阁

玉对他非常仰慕，拜其为师。秦穆公曾专门修建一座“凤台”，供他们学习时使用。后来，师徒二人结为伉俪，弄玉在萧史指点之下，很快掌握吹箫技艺，她模仿凤凰之声，引来凤凰围绕她翩翩起舞。数年后，夫妇双双乘凤凰飞升天界成仙。

另一幅是临摹的五代画家关仝的《西山待渡图》。

五层的东厅两侧，为“翰墨”“丹青”两厅。两厅中有古色古香的根雕家具，有供书画家泼墨挥毫的书画案，是艺术家进行创作的极佳环境。

厅正中屏壁上，镶置用黄铜板制作的王勃的《滕王阁序》碑，近10平方米，乃是苏东坡手书，经复印放大，由工匠手工镌刻而成。

西厅东壁悬挂磨漆画《百蝶百花图》，有“东方

箫 单管、竖吹，是一种非常古老的汉民族吹奏乐器。它一般由竹子制成，吹孔在上端。以“按音孔”数量区分为六孔箫和八孔箫两种类别。六孔箫的按音孔为前五后一，八孔箫则为前七后一。相传为舜所造。

油画”之誉。

五楼是滕王阁最高的明层。漫步回廊，眺望四周，江水苍茫，西山叠翠，南浦飞云，章江晓渡，山水之美，尽收眼底；高楼如林，大桥如虹，公路如织，人车如流，一派城市繁荣之景象。

第六层是滕王阁的最高游览层。其东、西重檐之间，高悬着两块长5米、宽2米的苏东坡手书“滕王阁”金匾各一块。

其内，虽是一个暗层，但设计者将中厅南北角重檐间的墙体改成了花格窗，故光线极好。

由台座之下的底层算起，这一层实为第九层，故大厅题匾为“九重天”。

大厅中央，有汉白玉围栏通井，下可俯视第五层，其上方对一圆拱形藻井，寓含天圆地方之意。24组斗拱由大至小，由下至上，共12层，按螺旋形排列。取意一年12个月，24个节气。斗拱采用的是明、清民间木作处理手法。彩绘采用五彩装，金碧辉煌。

最顶端的彩绘，则是参照西安钟楼的彩绘式样精心绘制而成。这一螺旋式藻井，在我国古建中是不多见的，能给人以动感，凝神仰视，仿佛在不断旋转，不断变化，又给人以

根雕 是以树根，包括树身、树瘤、竹根等的自生形态及畸变形态为艺术创作对象，通过构思立意、艺术加工及工艺处理，创作出人物、动物、器物等艺术形象作品。根雕艺术是发现自然美而又显示创造性加工的造型艺术，在根雕创作中，大部分利用根材的天然形态来表现艺术形象，小部分进行人工处理修饰。

■滕王阁风光

滕王阁“九重天”

时空无限之感，这也正是设计者的匠心之处。

藻井中央，悬挂着精雕细刻的“母子”宫灯，随气流变化，宫灯不停地微微转动。

在这“九重天”的西厅，有一仿古戏台凌霄，是一座小型戏台，每天进行古装歌舞表演。

戏台两侧陈列有楚国曾侯乙墓乐器的复制品，有编钟、建鼓、双凤虎座鼓、二十五弦古琴等，深寓歌舞兴阁之意。

其中，有湖北随县出土的“曾侯乙”编钟、编磬复制件。编钟为24件，可进行演奏，曾获得许多奖项。编磬为32件，其厚薄不同，敲击时发音各异。

此外，还有土乐“埙”“竹乐”“排箫”，革乐“建鼓”“双凤虎座鼓”，匏乐及丝乐“瑟”、殷代“虎纹磬”“铙”等塑件，还有隋唐时代的乐俑。这些仿古乐器既是陈列品，又可利用它们进行小型的乐

编磬 古代打击乐器，在木架上悬挂一组音调高低不同的石制或玉制的磬，用小木槌敲打奏乐。十六面一组。它的音色，除黄钟、大吕、太簇、夹钟、姑洗、仲吕、蕤宾、夷则、南吕、无射、应钟等12正律外，又加4个半音，演奏打击时，发出不同音响。

舞演奏。

在大厅的南、北、东三面墙上，便是大型的唐三彩壁画《大唐舞乐》。

总之，重建的滕王阁，布置成了一座具有唐宋时代文化渊源和浓厚气氛并给人真实感的文化荟萃之地，成为文人墨客以文会友、吟诗作对、雅集抒怀和饮宴歌舞的高雅典丽场所。

滕王阁，这座瑰伟绝特的千古名阁，在长达1300多年的时间里，除了1436年江西布政使吴润重修时，曾改名“迎恩馆”，以及1452年江西巡抚韩雍取韩愈“江西多临观之美，而滕王阁独为第一”之意，改名为“西江第一楼”，1743年南昌布政使彭家屏重修滕王阁时再次恢复“西江第一楼”旧称外，历代重修重建均叫“滕王阁”。

纵观1300多年来滕王阁的28次重建和重修，阁址虽有所变动，但均沿袭了唐阁的初旨，保持了唐阁的

虎纹磬 磬是古代一种片状石制打击乐器，使用时悬挂在架上，用锤敲击发声。我国最早的石磬出现于新石器时代，在我国的打击乐器中，它的起源较早。石磬在商代是重要的礼乐之器，商人用以祭天地山川和列祖列宗。虎纹磬则是说，在此磬上，正面刻有雄健虎纹，寓意非常珍贵。

滕王阁内的编钟

特有风格。历朝历代重建的滕王阁及其附属建筑，规模与规格虽不一样，但基本上是官用。

滕王李元婴当年创建这座“瑰伟绝特”的江南名楼，其主观上不过是“极亭榭歌舞之盛”。也许，这位亲王怎么也想不到，自己所创建的这座名楼，自才人王勃一序后，声名远播，成了一座文化大殿堂，一座不朽之阁，而且其功能大大超出了他的初衷。

千百年来，历朝历代多少文人雅士慕名而来，以登临题咏、高吟俯唱、挥毫泼墨为幸事和快事，留下了丰厚的艺术瑰宝和文化积淀。它既是一座多临观之美的千年古阁，更是一座闻名遐迩的文化高阁。

历经风雨沧桑的滕王阁，是历史盛名盛衰、国家治乱的标志。从滕王阁存亡兴废的历史中，我们可以感悟到古人所谓的“乱世则废，治世则兴”的深刻内涵。

阅读链接

1983年初，南昌市作出了重建滕王阁的决议，于同年3月29日发出了《关于成立重建滕王阁筹备委员会的通知》，并进行了大量的筹备工作。

1985年5月，滕王阁重建进入实施阶段。就在当年，工人们完成了抚河故道拦截堵口工程及客运码头拆迁工作，拉开了人民期盼已久的重建工程的序幕。此后，3年施工进展顺利，于1988年10月19日重阳佳节举行了隆重的封顶仪式。至此，滕王阁历史上第二十八次重建，终于有了皆大欢喜的结果。

1989年10月9日重阳佳节，一座盛世重建的滕王阁，以世间少有的雄姿，在赣江与抚河汇合处，距唐代阁址仅百余米的赣江之滨重新矗立起来。

今天的滕王阁，已走过了历史的风风雨雨，江天风月贮一楼，自然美与人文美集一身。它正以历史上最辉煌的雄姿屹立在赣江之滨，以中华文明之灿烂光辉永久地照耀未来。